Eike Geisel
Im Scheunenviertel

Eike Geisel

Im Scheunenviertel

Bilder, Texte
und Dokumente

Mit einem Vorwort von
Günter Kunert

Severin
und Siedler

Veteranen S.
Lothringer
Elsässer
Oranienburger
Linien
August
Johannis
Ziegel
FRIEDRICH
Friedrichstr.
Bhf. Börse
Dirksen
Bhf. Senefelder Pl.
Bhf. Schönhauser T.
Prenzlauer
Münz
Neue König
Bhf. Alexander Pl.
Landsber
Kaiser Wilhelm
KÖNIG
Kaiser
Synagoge
Universität
LIN DEN
Zeughaus
Schloss
Molken Markt
Stralauer
Bhf. Klosterstr.
Fischmarkt
Bhf. Hausvoigtei Pl.
Bhf. Friedrichstr.
Bhf. Jannowitz Brücke
Holzmarkt
Bhf. Wallstr.
Pfandkum

Günter Kunert

Ein Unort

Selbst in dem, was wir für Dokumente halten, unangreifbare Belege der Zeitgeschichte, bleibt uns häufig genug die Wahrheit des scheinbar Dokumentierten verschlossen. Diese Photographien, Unikate von großem Seltenheitswert, zeigen nicht eine vergangene Lebensweise, jedenfalls die meisten nicht, sondern wirken wie ein unheimliches Menetekel. Als werde hier bereits vorweggeprobt, was später in den Ghettos des Ostens kurzfristiger Alltag werden sollte: Polizeikontrollen, ärmlicher Straßenhandel, sinnloses und massenhaftes Treiben außerhalb der verfallenden Häuser, Ausgeliefertsein an die Macht, deren Untergebene schon in ihrem bedrohlichen Aufzug die späteren Einsatzkommandos erkennen lassen.
»Im Scheunenviertel« heißt unser Buch, und wir sehen darin Bilder einer deutschen Vor-Vergangenheit, welche wir über die Schrecken jener späteren, »unbewältigten« Vergangenheit vergessen haben. Wir haben einfach vergessen, daß auch das Berlin gewesen ist. Und sogar ein ganz wesentliches Ingredienz der »Reichshauptstadt«, von dem sie Farbe und Atmosphäre erhielt. Aber, so fragt sich der Betrachter beim Blättern, war das tatsächlich das Scheunenviertel, was er da schwarz auf weiß in der Hand hält? Ganz gewiß nicht.
Das Scheunenviertel war eine eigentümliche Mixtur aus vielen Bestandteilen, nicht nur Ghetto, nicht nur Unterwelt, nicht nur billiges Amüsierviertel, nicht nur Zuflucht der aus Polen eingereisten armen Juden, nicht nur ein »Zille-Milljöh«. Gerade seine ungewöhnliche Zusammensetzung brachte den Ruf hervor, den das Scheunenviertel in Berlin genoß.
Für die Juden, die in Berlin geboren und längst assimiliert waren, zeigte sich das Scheunenviertel genauso exotisch wie für ihre christlichen respektive »arischen« Mitbürger. Mit den Ostjuden, den »Planjes«, wie man sie abschätzig nannte, hatte man kaum Berührungspunkte: Möglich, daß noch der eigene Vater oder Großvater aus dem einstmals preußischen oder russischen, später polnischen Osten stammte, den Bezug aber zwischen der eigenen Abkunft und denjenigen, die diese Abkunft noch so unverhohlen repräsentierten, ignorierte, ja, verdrängte man. Wenige Gemeinsamkeiten bestanden. Der Glaube natürlich, falls er nicht »reformiert« war oder gänzlich aufgegeben. Jargonrelikte und bestimmte Speisen bildeten die restliche Erbschaft.
Zu meinem Vater in seine verblüffend winzige Produktionsstätte für Schreibblocks, Durchschreibebücher und Rechnungsbücher kam hin und wieder Herr Grünbaum: Ein Mann im schwarzen Mantel mit einer roten, ständig schniefelnden Nase, um ein bißchen zu betteln. Was da an Weltgeschichtlichem besprochen wurde, weiß ich schon lange nicht mehr, sehe nur Herrn Grünbaum, nachdem er meinen Vater länger von der Arbeit abgehalten hatte als diesem lieb war, zufrieden mit einem Obolus davonspazieren, den er vermutlich dafür erhielt, daß er freiwillig wieder verschwand. Dann blieb er aus, ohne daß man es recht bemerkte. Das geschah, als die polnischen Juden, selbst wenn sie deutsche Staatsangehörige waren, ausgebürgert und nach Polen ausgewiesen wurden. Ihr Schicksal als Vorwegnahme des eigenen verstanden von den später Betroffenen wohl nur wenige.
Das echte, sozusagen originale Scheunenviertel habe ich selber nicht mehr kennengelernt. Als ich auf unselbständigen Kindesbeinen die Gegend um den Alexanderplatz an der Hand meiner Eltern betrat, existierte es nur noch rudimentär. Der mächtige Bau des Arbeitsamtes im Speerschen Unstil schob sich wie ein Keil zwischen der Neuen Königstraße und der Frankfurter Allee auf den Alex zu. Nur hinter dem Bau der Karstadtverwaltung (ein mächtiger siebengeschossiger Block, der bald dem Polizeipräsidium zugeschlagen wurde und in dem sich auch heute das Präsidium der Volkspolizei befindet), blieben die alten Gassen und Gäßchen erhalten, in denen etwas von der Atmosphäre des Vergangenen zu überleben vermochte. Von der bunten und lauten und grell beleuchteten Münzstraße ist ein bewegter Eindruck zurückgeblieben: Gestalten, vor denen sich wahrscheinlich nicht nur Kinder ängstigten, belebten die

Straße, krasses Auftreten, Torkeln und Geschrei, Menschengeschiebe, vorbei an engen Kneipen, aus denen Bierdunst und Speisegeruch über die Passanten herfiel, Kramläden und Kinos, und dazwischen drängte sich unaufhörlich klingelnd die Straßenbahn durch den Verkehr, in dem Pferdewagen, Handwagen, Karren und Motordreiräder gleichberechtigt mitzogen. Kaum mehr als solche schon traumhaft gewordenen Impressionen hat sich erhalten; Filmfetzen, ohne Anfang und beschließendes Ende, Ausrisse aus einer örtlichen Biographie, die zu ihrer Erklärung wenig beitragen.

Deutlicher ist mir das Haus in der Keibelstraße, einer archaischen Berliner Baulichkeit, kein Haus über drei Stockwerke gehend, eine städtische Seltenheit, wo die beiden Schwestern meines Großvaters in zwei winzigen Wohnungen, vielleicht auch nur Wohnküchen, nebeneinander auf dem gleichen Flur hausten. Tante Marie und Tante Guste: einander höchst unähnlich, wie ich noch bruchstückhaft weiß. Die eine übermäßig dick und mit einer dominierenden Brille im runden Gesicht vor den unverkennbaren Augen, die andere hingegen hager und von männlichem Typus – ihre Behausungen sind mir nicht mehr gegenwärtig. Weil wir, so scheint es jetzt, andere Verwandtschaft in diesem Hause besuchten, das wohl hauptsächlich von Juden bewohnt war. Sonntags vermutlich erschienen wir am Nachmittag zum Kaffee bei den Falckensteins, deren Anzahl ich vergessen habe. Da der große Kaffeetisch stets dicht besetzt war, muß es wohl eine umfangreichere Familie gewesen sein, die eines Tages, ohne daß ich es merkte, meinem Blickfeld entschwunden gewesen ist, genauso wie Tante Marie und Tante Guste, ohne daß ihrer bis heute jemals wieder Erwähnung getan worden wäre. Meist hielt ich mich an diesem Kaffeetisch nicht lange auf, gelangweilt von den Unterhaltungen der Erwachsenen. Bald stieg ich in die Mansarde empor, wo jemand wohnte, eine Frau, glaube ich, von der ich aber nur ihre beiden Kinder, zwei Mädchen, kannte, mit denen zu spielen ich die ausgetretenen Stufen emporsprang. Während ich eben noch aus einem Hinterzimmer lange Zeit fasziniert auf eine Brandmauer gestarrt hatte, überrascht und beunruhigt von der Nähe des Ziegelwerkes, das ein Mann mit ausgestrecktem Arm möglicherweise hätte berühren können, blickte ich nun gleich aus einem Mansardenfenster über die gegenüberliegenden Dächer offenkundig niedrigerer Häuser.

Übrigens spielten wir nie: Wir unterhielten uns nur, das größere der beiden Mädchen und ich. Ob es äußerst intensive Gespräche gewesen sind oder bloße Hinneigung zu der Gefährtin weniger Viertelstunden? Daß ich mich an Beiläufiges erinnere, spricht sowohl für das eine wie das andere. Selbst meine hingeworfene Behauptung, ich sei natürlich Kommunist, habe ich seit damals nicht vergessen, während meine Gesprächspartnerin sich zum Zionismus bekannte, von dem ich nicht die geringste Ahnung hatte. Und seltsamerweise bin ich mir noch meiner damaligen Ambivalenz ihr gegenüber bewußt: Sie war mir verwandt und fremd zugleich, ein pummeliges, aber hübsches Mädchen mit langem strähnigen schwarzen Haar, das mir seine Schulbücher zeigte, darunter solche in Hebräisch, was in mir Bewunderung und zugleich Ärger hervorrief. Ihre Selbstsicherheit war für ihr Alter erstaunlich, und vielleicht veranlaßte gerade das mich zu meiner altklugen und vorwitzigen politischen Erklärung. Dann war ihre Erinnerung verweht wie alle anderen aus diesem Haus und den umliegenden Häusern. Außer diesem scharf erinnerten Augenblick, da wir uns beide auf blanken Holzdielen gegenüberstehen und reden, ist nichts geblieben. Doch immer wenn ich durch die Keibelstraße kam, in der nach Kriegsende noch die alten, verfallenen Unterkünfte aus einem unglaubhaft gewordenen Gestern standen, unter denen ich den Platz unseres kindlichen Dialoges nicht wiederentdecken konnte, erneuerte sich die kurze Szene. Aber das ist kein Nachleben.

Davon – von solchen nichtigen und gleichermaßen daseinsbestimmenden Eindrücken, von Kindergesprächen, in denen eine Zukunft endete, die gar nicht erst beginnen durfte – ist in den alten Photos nichts merkbar. Polizisten, fromme Juden mit Bärten, schattenhafte Menschenansammlungen, bröckelnde Fassa-

Scheunenviertel 1980

den, hier und da ein Gesicht, das uns melancholisch anblickt – ist das das Scheunenviertel gewesen? Auch meine Gedächtnispartikel reproduzieren es nicht; es bleibt unbeschreiblich, weil es eine derart besondere Amalgamierung gewesen ist, die selbst in zeitgenössischen Texten nicht erfaßt wird. Das Scheunenviertel in seiner Unheimlichkeit und Beängstigung erregenden Unmittelbarkeit aller Begegnungen, eine Art Labyrinth, in dem unterzugehen es keines Minotaurus bedurfte, war viel zu sehr die Legende seiner selbst, als daß es durch eine literarisch-archäologische Feldstudie vorstellbar würde.
Gibt es Vergleichsmöglichkeiten?
Ließe sich etwa das Scheunenviertel als das »Soho« Berlins bezeichnen?
Nur das dichte Nebeneinander, die Verflechtung von Ehrbarkeit und rechtsbrecherischem Außenseitertum (wie sie uns beispielsweise Franz Biberkopf vorführt) bildet Berührungspunkte, riefe aber, unkritisch akzeptiert, falsche Assoziationen hervor.
»Scheunenviertel« – ein semantisch reiches Schlüsselwort, voll Verlockung und Schauder. Was ich da vor endlos langer Zeit zu Gesicht bekam, gehörte dazu und auch wieder nicht, und ergab eine frühe Erfahrung: Selber nicht dazuzugehören. Am Rande dieses verschwundenen Scheunenviertels lernte ich meine eigene Außenseiterschaft kennen, ohne bis heute zu wissen, ob sie eine Strafe oder eine Gnade ist.

Eike Geisel

Das Scheunenviertel. Beschreibung eines Zenotaphs.

»Vom Morgen bis zum Abend kann die Welt zerstört werden.«

Martin Beradt, Beide Seiten einer Straße

I.

Kaum daß sich einer hierher verirrt.
Wie von einer unsichtbaren Hand gelenkt, trotten die Menschenmassen, Einwohner wie Besucher der Hauptstadt, diszipliniert durch die gleichförmigen Straßen. Nirgendwo schlendernde Zerstreuung, nur das bloße Vorwärts, die leere Betriebsamkeit in einem Labyrinth ohne Geheimnis. Am Ende dieses überschaubaren Irrweges durch überirdische Unterführungen, wo nichts zum Verweilen auffordert, durch Straßen, die nicht zum Flanieren einladen, sondern zum Paradieren zwingen, gelangt man durch unterirdische Gänge nicht zu einem menschenfressenden Minotaurus, sondern in die trogdolytenhafte Atmosphäre eines U-Bahnhofs. Über ihm breitet sich das Stein gewordene Entsetzen der Menschen vor sich selbst aus: der Alexanderplatz. Ihn hat wie kaum einen anderen Ort, welcher zum Schauplatz der Niederlage gegen die Barbarei wurde, die wahrhaft systemübergreifende Einsicht geprägt, daß es auf die Menschen zu allerletzt ankommt. Deshalb säumen den Weg dorthin auch keine Passagen; er wird flankiert von Windkanälen.
Wer dennoch vom verordneten Weg abweicht und nicht in jenem Erschrecken erstarrt, das derlei monumentale Öde auslöst – und auslösen soll –, wer versucht, durch die wenigen und schon überfälligen Schlupflöcher auszubrechen, um nicht auf die Ausfallstraßen getrieben zu werden, der gerät unversehens ins Gestern; so scheint es. Alles deutet darauf hin: die oft enge und nicht dem tradierten Primat der inneren Sicherheit folgende Straßenführung, die Gasse, oder doch eher ihre beschädigte Andeutung, die oft niedrigen und im letzten Jahrhundert errichteten Häuser und schließlich die Menschen, die wie unlebendige Botschafter mit einem vergessenen Auftrag durch das Viertel ziehen. Anders als die Untoten fürchten sie die Dämmerung und verstecken sich bei ihrem Einbruch, um tagsüber, mit schleppendem Gang zur nächsten grünen Schneise, die der Krieg geschlagen hat, sich aufzumachen und sich auf einer Bank niederzulassen. Einen Augenblick lang mag man denken, die Zeit sei stehen geblieben, und der bukolische Name des Viertels leistet dieser Wahrnehmung, die nur sentimentaler Wunsch ist, Vorschub. In Wirklichkeit ist die ganze Szenerie ein Täuschungsmanöver, das der Wahrheitsfindung dient. Die ausdruckslosen Alten, die zu den Sitzvorrichtungen im Freien trotten oder mit starrem Blick hinter den Fenstern kauern, sind nicht nur die Chargen, die ihren Text vergessen haben; die ramponierten Häuser sind nicht die Kulisse, aus welcher das Spiel einer vergangenen Epoche entzifferbar wäre. Nicht die Zeit sei stehen geblieben, ist die geheime Auskunft des Quartiers, sondern alles sei, wie in jener fiktiven »Stadt hinter dem Strom«, nur geronnene Dauer, abstrakter Verlauf. Ohne von sich mehr zu enthüllen als die Physiognomie eines entleerten Schreckens, der seine Herkunft nicht mehr kennt, von seiner Gegenwärtigkeit nichts weiß und von seiner Zukunft nichts ahnt, teilt das Viertel eine alte Charta mit, die wie ein unsichtbares Manifest an den Häusern angeschlagen ist: ich war, ich bin, ich werde sein, lautet die nun absurde Botschaft.
Und geradewegs bestätigt wird dieser auf der Stelle verharrende Dreischritt dadurch, daß er dementiert wird durch Demontage: was in schäbiger Form ein allgemeines Unglück beherbergt, ist nämlich nur Planungsrückstand, von der Spitzhacke auf Abruf verschont. Ihr stellt sich neuerdings entgegen, was den alten Charakter modisch konserviert: die Instandsetzung durch aufgetünchte Geschichte. Sie ist die letzte praktische Antwort auf die Behauptung jenes Manifestes und folgt, ebenfalls im Dreisatz, auf die Politik der verbrannten Erde und des betonierten Raumes.

In einem unlängst erschienenen, akribisch verfaßten literarischen Reiseführer ist über die Grenadierstraße, die heute nach einem Widerstandskämpfer Almstadtstraße heißt – was wiederum von den Anwohnern als geographische Bezeichnung gedeutet wird –, folgendes nachzulesen: »Noch heute ist das jiddische Lokalkolorit, das dieses ghettoartige Viertel bis zur Ausrottung seiner Bewohner prägte, erhalten.« Der Verfasser, der zerfallene Abtritte im Hinterhof offensichtlich für jiddisches Kolorit hält, mag durch die Literatur spaziert sein, aber nicht durch den Berliner Osten. Nichts, was die Juden im Haus des Henkers zum bunten Völkchen machen könnte, ist erhalten, nichts, was solche Gesinnung in der Operette belächeln darf, wo dem jiddischen Witz der Esprit ausgetrieben wird, nachdem die Helden Scholem Alejchems umgebracht worden sind.
Zum Lokalkolorit wird, was in den Händen eines geschichtslosen Historismus aus Schandmalen der Epoche in ihr neckisches Beiwerk sich verwandelt. In Zukunft mag es dort eine Altstadt geben, wo heute den Besucher in leergefegten Straßen unwillkürlich ein haltloser Gedanke überfällt: Tausend galizische Juden – und die Straße wäre gerettet. Punktuelle Nostalgie und flächendeckender Optimismus, der aus Ruinen sich erhebt, das sind die Markenzeichen der neuen Vergeßlichkeit, in welcher die Geschichte und damit das Grauen verschwinden. Und deshalb will es eine besondere Ironie, daß sich am Eingang des Viertels, auf dem Friedhof der Sophienkirche, das Grab des großen Historikers Ranke befindet.
Der jüdische Aufklärer Mendelssohn hat nicht das Scheunenviertel gemeint, wohl aber von vulgärer Theorie gesprochen, als er geschrieben hat, daß es angesichts lebender Leichname besser sei, unter toten Gespenstern zu verweilen. Dorthin führt dieses Buch. Daß es erscheint, ist kaum ein Trost; es gehört zu jenen Büchern, zu denen besser niemals Veranlassung bestanden hätte. Nicht einmal der Gedanke ist mehr tröstlich, daß es hätte anders kommen können.

II.

»Wer in aller Welt kommt freiwillig nach Berlin?«
Joseph Roth,
Juden auf Wanderschaft

War Paris die Metropole Europas, so Berlin dessen Mietskaserne. Die Geschichte des Scheunenviertels hinter dem Alexanderplatz wäre rasch erzählt, ginge sie in jenem Vergleich restlos auf, hätte es nicht die Ostjuden gegeben. Wir würden in einem durchschnittlichen Kapitel über die Gestehungskosten der Moderne blättern und von der Entwicklung eines Stadtviertels vom Vorhof zum Hinterhof berichten.
Weder die ostjüdischen Flüchtlinge, noch die gemischte Gesellschaft, die sie dort vorfanden, hatten im Scheunenviertel freiwillig Quartier bezogen, welches man in der nämlichen Umgebung gut zweihundertfünfzig Jahre zuvor noch selbst aufschlagen konnte. Rund um die vor die Stadttore verlegten Scheunen, Ställe und Lagerschuppen, welche dem Viertel den Namen und bis weit in die Gegenwart manchen Straßen und Gassen, in deren Höfen Vieh gehalten wurde, das schäbige Aussehen eines überlebten Dorfes verliehen haben, zwängten sich seit Beginn des 19. Jahrhunderts jene noch halbbäuerlichen Massen zusammen, wie man sie überall in den Vorhöfen der Industrialisierung antraf. Meist mit roher Gewalt vom Land vertrieben und durch Runkelrüben ersetzt, sammelte sich im Scheunenviertel eine amorphe und gesichtslose Masse von Existenzen an, bis nach Jahrzehnten der stumme Zwang der ökonomischen Verhältnisse aus ihnen das disziplinierte Heer williger und gehorsamer Industriearbeiter geformt hatte. In diesem habituellen Abrichtungsprozeß spielte das Scheunenviertel die Rolle des Vorhofs und der Vorschule, unterstützt vom nahegelegenen Militär. Die Straßennamen sind deshalb auch Programm: Artilleriestraße, Grenadierstraße, Dragonerstraße.
Wer die Einübung auf die modernen Produktions- und Verkehrsverhältnisse überlebt

hatte, war reif für den Großbetrieb und den Umzug in die Mietskaserne; der Ausschuß jedoch nistete sich in die Schlupfwinkel des Quartiers ein und sorgte schon früh dafür, daß Scheunenviertel synonym gebraucht wurde für Elend, Anrüchigkeit und Verbrechen.
Es ist die Aufgabe der Polizei, zu Knüppel und Revolver zu greifen, sonst wäre sie keine, und zur Feder nur, wenn sich ein Protokoll nicht vermeiden läßt. Wie um diesen trüben Sachverhalt in einer zufälligen und freundlichen Verkehrung zu bestätigen, gibt es in der Geschichte der Berliner Polizei den Glücksfall eines Beamten, dem der feuilletonistische Kunstgriff mehr lag als der Knüppelschlag. Gewähren wir ihm, dessen aufhellende Skizzen in der Regel den dunklen Bezirken der zwanziger Jahre galten, einen retrospektiven Lokaltermin am Anfang des Jahrhunderts: »Unter Scheunenviertel versteht man die Straßen und Gassen, die sich zwischen Alexanderplatz und dem Rosenthaler Platz von der Lothringer Straße bis zur Stadtbahn um die Münz- bzw. Weinmeisterstraße herumgruppieren. Hier wohnten im alten Berlin die armen Leute, und hier befanden sich schon früh die Quartiere der Armut und die Schlupfwinkel der Verworfenheit. Hier wohnten damals Holzhauer, Torfträger und die ›Unratweiber‹, deren wichtige Tätigkeit mit der Einführung der Kanalisation ein Ende gefunden hat. Dazu natürlich Dirnen und alles mögliche andere Gesindel, das sich hier schreiend herumzankte und -prügelte. Im Jahre 1846 wies Berlin nach einer statistischen Aufstellung ja schon 2 000 Verbrecher, ebensoviel Obdachlose sowie etwa 8 000 Bettler und andere fragwürdige Existenzen auf, und im Laufe dieser Zeit wurden die engen Gassen und die schmuddeligen Häuser des Scheunenviertels immer mehr zum Schlupfwinkel des Verbrechertums.« Es wird nicht so drastisch gewesen sein, wie der biedere Sinn es hier rückblickend entworfen hat. Denn so groß die Anstrengung des kaiserlichen Berlin auch war, einen Platz unter der Sonne zu erwerben, so gering war andererseits die Chance für ein Abonnement der Hauptstadt auf die Hölle: die Verruchtheit hielt sich in Grenzen.
Wenige Jahre vor dem Ersten Weltkrieg sucht ein französischer Autor nach dem Berliner Whitechapel, nach Räuberhöhlen wie auf dem Montmartre, nach feuchten und dreckigen Elendsvierteln wie in Rom oder in St. Petersburg. Der Polizeipräsident nennt ihm schließlich eine Gegend, in welcher seit 1906 abgerissen wird: das Scheunenviertel. »So begab ich mich denn«, beschließt Jules Huret seine Streifzüge durch die Viertel des gesellschaftlichen Abhubs, »hinter den Alexanderplatz in der Umgebung der Grenadierstraße auf die Suche und fand einige schon halb zerfallene Häuser vor. Wohl gewahrte ich hier und da eine Gruppe junger Zuhälter, reichlich verdächtige Gestalten, aber ohne jenes aufdringliche und liederliche Gebaren, das die unsrigen kennzeichnet. Ich gewann auf meiner Forschungsreise nur einen blassen Eindruck und sah nicht einen typischen Zug von deutscher Verkommenheit.« Er hat ihn woanders gefunden, diesen typischen Zug: den Antisemitismus; nicht unter ehrlosen Ganoven, sondern unter ehrbaren Bürgern, nicht unter den Zersetzern, sondern unter den Stützen der wilhelminischen Ordnung, nicht im Milieu, sondern in der gehobenen Unterwelt aus Militärs, Akademikern und Beamten.
Zwar wurde 1906/07 der desolate Kern des Viertels abgerissen, der auf alten Stadtplänen deutlich als Geviert von Scheunengassen sich abzeichnet, aber dieser halbherzige Versuch kam schon mit einem großspurigen Bau, der Volksbühne, zu Ende und konnte den fortschreitenden Verfall rund um den Babelsberger Platz, wie das freigehauene Dreieck hieß, das mit seiner Spitze auf dem nördlichen Ende der damals verlängerten Kaiser-Wilhelm-Straße stand, nicht aufhalten. Dem Platz gab man verschiedene Namen, aus Babelsberger Platz wurde Bülowplatz, dann Horst-Wessel-Platz, schließlich, als wollte man ihr im Nachhinein noch etwas antun, Rosa-Luxemburg-Platz; doch die Gegend behielt das nämliche Gesicht, die Heraufkunft jeder vorgeblich neuen Zeit sah das gleiche heruntergekommene Viertel. Einen letzten Vorstoß zur Neugestaltung machte Ende der zwanziger Jahre der Architekt Hans Poelzig, dessen metropolisähnlicher Entwurf aber nur in einer

Handvoll Wohn- und Geschäftshäuser im Stil der Neuen Sachlichkeit realisiert wurde. Sie verbreiteten, steinerne Repräsentanten der Angestelltenkultur im Vergleich zum halbproletarischen Umfeld, aber doch nur die alte Öde. Was davon nach dem Krieg, der Fortsetzung der Sanierung mit anderen Mitteln, übriggeblieben ist, hat sich mimetisch der auskunftsarmen Unansehnlichkeit hinter dem Alexanderplatz angenähert. Nur das Kino, in dessen Nähe im Sommer 1931 die beiden uniformierten Polizeihauptleute Anlauf und Lenk erschossen wurden, die im Viertel nur als »Schweinebacke« und »Totenkopf« bekannt waren, verspricht trotzig bis heute unter dem Namen »Babylon« exotische Träume.
Warum ein Stadtviertel zum Slum wird, ist kein Geheimnis mehr; jedes Kind ist heute so klug wie vordem ein gerissener Spekulant: in den zerbröckelnden Fassaden befestigt sich die Renditehoffnung des Eigentümers, die unheizbar gewordenen Wohnungen sind wie Feuer unter den Bodenpreisen.
Das rapide Wachstum der Berliner Bevölkerung um die Jahrhundertwende bei gleichzeitiger Entvölkerung der Innenstadt, die zur City wurde, drängte die Bewohner in den Randbezirken zusammen und die Grundstückspreise im Zentrum in die Höhe. Zentral gelegene Wohnquartiere wie das Scheunenviertel verfielen deshalb immer mehr. Sie wurden zum Alptraum der Bewohner wie zum Traum der Spekulanten, der für die letzteren in der Inflation jäh, aber nur kurz unterbrochen wurde, um heute endgültig ausgeträumt zu sein. Durch solche Hoffnungen macht eine Mauer nun einen Strich. Daß die Eigner von Grund und Boden mit zukunftsträchtiger Rendite nicht nur magisch den Auftrieb der Grundstückspreise verfolgt und untätig auf das große Geld gewartet haben, das nach der Sanierung winkte, sondern schon durch das Eintreiben des Kleingelds auf ihre Kosten gekommen sind, wird belegt durch die Belegung des Viertels: nirgendwo ist die Wohndichte so hoch wie hier.
Dem Elendsquartier neben einem der belebtesten Plätze der City widmet das Statistische Amt der Stadt Berlin deshalb 1929 auch einen besonders aufmerksamen Bericht mit dem Titel: »Die Siedlungs-, Wohnungs- und Bevölkerungsverhältnisse in der Dragoner-, Grenadier-, Linien-, Rücker- und Mulackstraße.« Das sind nicht alle Straßen des Quartiers, aber genug, daß an ihnen dessen Charakter und die Befürchtungen der Verwaltung demonstriert werden könnten: die Wohndichte ist fünfmal höher als in der ganzen Stadt, die hygienischen Verhältnisse sind katastrophal, weil weniger als die Hälfte aller Wohnungen über eine eigene Toilette verfügt. »Man kann einen Menschen mit einer Wohnung gerade so gut töten wie mit einer Axt« war das Motto, welches ein sozialdemokratischer Abgeordneter schon 1908 einer Untersuchung über »Großstädtisches Wohnungselend« vorangestellt hatte. Wenn einer im Scheunenviertel daran nicht starb, dann besaß er, befürchteten die Behörden, gerade noch die Energie, sich auf schmutzige Weise wieder zu holen, was ihm dreckige Verhältnisse versagt hätten, mit einem Wort, hier hauste nun, wonach jener französische Reiseschriftsteller zwanzig Jahre zuvor vergeblich gesucht hatte: die Verkommenheit.
So sähe die Skizze des Viertels ohne die Ostjuden aus; sie wäre ein Rückblick auf die unrühmlichen, aber banalen Reibungsverluste fortschreitender Geschichte. In den kodifizierten Geschichtsbüchern, hier wie dort, kommen die Ostjuden nicht vor; die offiziöse »Geschichte der deutschen Arbeiterbewegung« kennt den Bülowplatz wegen der dort befindlichen Parteizentrale der KPD, aber nicht die Ostjuden. Als anachronistisches Kuriosum, als exotisches Beiwerk, als skurrile Ausläufer eines überwundenen Zustands dürfen sie in Autobiographien erscheinen, immerhin. »Vom Ghetto in die Welt« heißt es da, und gemeint ist ein Aufstieg. Wohin?
Wo die Ostjuden die Rolle belletristischer Rosinen im trockenen historischen Kuchen spielen, den man unverdrossen weiter kaut, da ist die Frage entschieden.
Und im Westen? Auch nichts Neues. Der gewissenhaften Vernichtung der Juden folgte die ebenso betriebsame Eingemeindung der Ausgestoßenen, in »Wochen der Brüderlichkeit« und Festschriften. Kaum eine Stadt, die nicht auf einmal »ihrer« Juden durch einen

eigens bestallten Historiker gedächte. Der Verlust, den niemand bemerkt hat, soll plötzlich außerordentlich gewesen sein, das ist der Tenor in der Aufzählung großer Juden. Der geschäftige Philosemitismus gleicht darin seiner mörderischen Kehrseite: die Juden, nichts als Großkaufleute, Bankiers und Intellektuelle. Da ist für die Masse der Namenlosen kein Platz, auch nicht für die Ostjuden; wer nur dürftig gelebt hat, soll nicht den besänftigenden Gedanken stören, das Verbrechen des Judenmordes sei deshalb grauenhaft, weil es die Verdienstvollen getroffen habe. Andererseits soll es keinen Unterschied geben, den die Formel »jüdische Mitbürger« gerade als Anbiederung wieder postuliert. Da ist für die wirklich Verschiedenen erst recht kein Raum.

III.

> »Wann findet – wenn das so weitergeht – zu Berlin oder sonstwo in Deutschland der erste fidele Judenpogrom statt?«
>
> Georg Davidsohn, Sozialdemokratischer Reichstagsabgeordneter, 1918

Anziehend ist das Elend nur für den, der es nicht teilen muß. »Die Romantik der Unterwelt war unwiderstehlich. Berlin … enthusiasmierte mich durch seine schamlose Verruchtheit«, schrieb 1923 der junge Klaus Mann, der Gutes gewohnt war.
Anziehend im wörtlichen Sinn ist das Elend aber für den, der keine Wahl hat. So kommen die Ostjuden ins Scheunenviertel, die von draußen zu denen von drunten.
Ohne die Kenntnis ostjüdischer Einwanderung, die wie vieles andere dem allgemeinen Vergessen anheimgefallen ist, erschließt sich kaum die eigentümliche Bedeutung einiger Passagen eines Romans, der gegenwärtig nostalgisch aufbereitet wird. »Der Jude folgte ihm auf der Straße«, heißt es am Beginn einer längeren Szene, »nahm ihn beim Arm, zog ihn unter unendlichen Gesprächen weiter, bis sie in die Gormannstraße einbogen, der Jude und der starkknochige Kerl im Sommermantel, der den Mund zusammenpreßte, als wenn er Galle spucken müßte.«
Der starkknochige Mann, dem hier speiübel ist, kommt gerade, nachdem er einen Totschlag in Tegel abgesessen hat, wieder ins Viertel zurück, betäubt von der rasenden Geschäftigkeit der Stadt und der unabwendbaren Aussicht, wieder in einen Kreislauf zu geraten, der nur mörderisch unterbrochen werden kann. Franz Biberkopf, der jämmerliche Held von Döblins »Berlin Alexanderplatz«, diese Riesenpuppe, an der alle Fäden der Epoche nach unten ziehen, hat hier, auf der ersten Station seines immer gleichen Weges, eine Art heilsames Schockmoment, ausgelöst durch einen Ostjuden. Dieser zieht ihn schließlich in eine Stube, und Biberkopf, wie ein Kind, das weltvergessen einem Märchen lauscht, erliegt für einen Augenblick einer unbekannten, verführerischen Macht. An der Gestalt des ostjüdischen Geschichtenerzählers und in der beruhigenden Kraft der Worte, welche den aufgestauten Schrecken besänftigen, erscheint die Ohnmacht der Ostjuden gleichermaßen wie die Chance zur Wendung der Gewaltverhältnisse. Für einen winzigen Augenblick setzt das Wort den unheilvollen Fortgang der Taten außer Bewegung, im erzählenden wie zuhörenden Innehalten, deutet sich die flüchtige Möglichkeit zum Guten an. Beide, der Jude wie der Ganove, blitzt es auf, könnten gerettet sein. Aber als Biberkopf den Raum verläßt und auf die Straße tritt, schwindet der geheimnisvolle Zauber: »Wer ankommt, kriegt eins in die Fresse.« Das geht noch nicht gegen die Juden, aber setzt wieder die rastlos und blind zuschlagende Gewalt ins Werk, gegen welche die einhaltende Gebärde und das vermittelnde Wort nichts vermögen. Sie sind nur noch Zeichen der Angst und der Schwäche, welche erst recht die Faust auf sich ziehen.
Döblin hat an anderer Stelle und ausführlich über die Juden geschrieben, hier interessiert ihn der verschlungene Weg des Helden, der sich schließlich, wie man entdeckt, in einer Spirale fortbewegt. Die Juden bilden eines der Elemente, mit denen jener in Berührung kommt, sie sind ein kleiner Ausschnitt aus

der literarischen Montage der gesellschaftlichen Realität.
Welchen Weg aber nehmen die Ostjuden? Die Geschichte der Ostjuden in Deutschland ist noch nicht geschrieben, vielleicht auch gar nicht zu schreiben. Die Geschichtsschreibung der Sieger vergangener Epochen trug den Opfern insofern Rechnung, als in ihr der eigene Triumph an der Gefährlichkeit und Größe des Gegners entfaltet und der besiegte Feind vornehmlich unter einem Aspekt, dem der Beute, betrachtet wurde, die nicht unbedingt abgeschlachtet werden mußte, sondern ausgeschlachtet werden sollte. Der Tötung des Feindes eignete, wie entfernt auch immer, jenes rituelle Moment, das man am Anbruch der Zivilisation vorfindet: die Aneignung unbeherrschter, weil unbegriffener Natur vollzieht sich im Mysterium der Einverleibung. Noch in ihrer säkularisierten Form, der Plünderung, die ganze Kontinente überzog, verschaffte sich dieses magische Bedürfnis Geltung, und deshalb ist die sogenannte Kultur des Abendlandes, was nicht selten vergessen wird, gleichzeitig ein Mausoleum ihrer Voraussetzungen. Jedes Museum ist mit Kunstwerken angefüllt, die gleichermaßen Grabsteine sind.
Im Unterschied dazu leben die Opfer in den Siegern von heute nicht fort, sie haben eine unspezifische Leere hinterlassen. Das mag daran liegen, daß es keine Sieger mehr gibt, sondern nur noch Überlebende. Die Sieger als die Überlebenden können sich nur auf eines berufen: daß sie die anderen umgebracht haben. Und in Art und Umfang des Mordens, für dessen Anfang Auschwitz steht, in der Reduktion lebendiger Menschen auf tote Natur, die nun wirklich ausgeweidet wird, deutet sich die Anthropologie einer Epoche an, in welcher die Existenz von Menschen keine andere Bestimmung mehr zuläßt, als daß sie auf Kosten anderer sich abspielt. Damit erscheint in den Siegern nur, was sie den Opfern schon angetan haben: die völlige Spurenvernichtung kehr wieder in der Ausdruckslosigkeit des Gesichts, das einer haben muß, der es zu was bringen will.
Den Spuren ostjüdischer Existenz in Deutschland zu folgen, wo es keine mehr gibt, heißt deshalb meist, den Fluchtweg der wenigen Davongekommenen nachzugehen. Abgesehen von einigen verstreuten alten Zeitungsartikeln und einer aus der Perspektive jüdischer Sozialarbeit verfaßten Monographie über die Hilfsorganisationen für ostjüdische Einwanderer, gibt es kaum Quellen, derer sich der Interessierte bedienen könnte; in jeder deutschen Bibliothek wird er mehr über die Ostgoten als über die Ostjuden finden.
Was allen zufällig aufgefundenen Texten gemeinsam ist und auch diesen kennzeichnet: es sind Bemerkungen über Fremde.
Gerade in den kompetentesten Äußerungen, in den Annäherungsversuchen einer kleinen und engagierten Gruppe deutscher Juden an die ostjüdische Kultur, in welcher sie die Wiedergeburt einer verlorenen Tradition erkennen wollen, zeigt sich die Distanz, eben weil sie überbrückt scheint, am schärfsten: es handelt sich um Kultus. Einer, der es wissen muß, Gerschom Scholem, damals als Jugendlicher selbst auf der Suche nach dem verlorenen Judentum, hat nachträglich jene Vergötterung ostjüdischer Naivität und Religiosität durch die einfühlsame Verkleidung spöttisch im Wortspiel mit dem Namen ihrer zentralen Figur glossiert: er nennt sie Bubertät.
Nicht zufällig war damals unter einem kleinen Kreis deutscher Juden die Begeisterung fürs Ostjüdische ausgebrochen. Die ostjüdische Menschheitsdämmerung, von welcher sie schwärmten, fiel unmittelbar zusammen mit einem Ereignis, das sich wenig später nicht als Morgenröte, sondern als Auftakt zum Untergang erweisen sollte: dem Ersten Weltkrieg. Auf den Wegen, welche die deutschen Armeen bahnten, kamen jüdische Soldaten in Kontakt mit den ostjüdischen Massen in Galizien, Polen und Rußland und entdeckten mit einem Freudenschrei den ostjüdischen Paria, dessen religiöse Inbrunst sie der eigenen Indifferenz, dessen ärmliche Demut sie dem arrivierten Hochmut entgegenstellten. In dieser Begegnung finden sich, wenn auch auf spezifische Weise, alle Momente des romantischen Exotismus vorgebildet, dessen Refugium sich mit der Ausdehnung der imperialistischen Kriege bis nach Indochina erweitert hat. Arnold Zweigs »Das ostjüdische Antlitz«

war nur die jüdisch eingefärbte Version einer allgemeinen Sehnsucht in der Krise, aus welcher die Gesellschaft mit Lebensreform, Nacktkultur, indischer Philosophie, vegetarischem Essen und Gymnastik einen Ausweg suchte, um ihn schließlich im Krieg zu finden. Zweig kehrte allerdings der Schwärmerei vom unverdorbenen Charakter, welche das eher charakteristische tägliche Verderben in Kauf nahm, bald den Rücken und erkannte, daß das Heil für die zivilisationsmüden Juden nicht aus dem Osten kam, sondern daß ein drohendes »Heil-Hitler« im Westen aufstieg; daß die Ostjuden nicht als Boten der Erlösung kamen, sondern zu Adressaten der Endlösung wurden.

Schon seit den achtziger Jahren des vergangenen Jahrhunderts, auf die Wellen russischer Pogrome folgend, gab es ostjüdische Einwanderung nach Deutschland, wenn auch unbedeutend an Zahl, verglichen mit den weit über zwei Millionen Flüchtlingen und Auswanderern, die meist über Hamburg und Bremen Europa verließen, um ins wirkliche gelobte Land zu gelangen, nach Amerika. Scharfe Durchreisebestimmungen und eine rigide Ausweisungspraxis der preußischen Behörden sorgten dafür, daß nicht viele am Wege hängenbleiben konnten. Für Berlin vermerkt eine amtliche Statistik von 1880 die Anwesenheit von 2954 »nichtdeutschen Israeliten«. Bis zur ersten russischen Revolution, für die der Zarismus hauptsächlich an den Juden Rache nahm, war die Zahl der unmittelbar vor der Verfolgung Schutz suchenden oder wirtschaftlicher Not entfliehenden Ostjuden im Deutschen Reich relativ unbedeutend, einige Zehntausend. Von Bedeutung war diese frühe Immigration nur unter zwei Aspekten, die hier außer Betracht bleiben sollen: vorübergehend wurde Berlin zu einem Sammelpunkt der russisch-jüdischen Intelligenz, welche zur ersten Führungsgeneration der zionistischen Bewegung gehörte, und zweitens waren die ostjüdischen Einwanderer das Reservoir, aus welchem die vom Mitgliederschwund bedrohten Gemeinden ihren Nachwuchs schöpften wie die zur Erfüllung eines ordentlichen Gemeindelebens notwendigen Funktionsträger heranzogen (schon damals war das inmitten des Scheunenviertels in der Gipsstraße – später der Artilleriestraße – gelegene Rabbinerseminar der orthodoxen Separatgemeinde Adass Isroel eine erste Anlauf- und Auskunftstelle für die Frommen unter den Flüchtigen).

In nennenswertem Umfang stieg die Zahl der ostjüdischen Einwanderer nach der ersten Russischen Revolution an und wurde verstärkt durch den Zuzug galizischer Juden, die nicht zum Sündenbock der in Auflösung begriffenen Kaiserreiche werden wollten. Seit jener Zeit konnten die Ostjuden der Aufmerksamkeit der Antisemiten gewiß sein, deren Treiben einige Jahrzehnte zuvor der Historiker Treitschke in seinen Invektiven gegen die »hosenverkaufenden Jünglinge aus dem Osten« mit akademischen Weihen versehen hatte. Dabei war die wachsende Wut der Antisemiten nur scheinbar mit der wachsenden Zahl der Flüchtlinge vermittelt, denn man weiß, das es schließlich auf jene Zahl, die immer übertrieben wurde und vor 1914 kaum die Hunderttausend überschritten hat, gar nicht ankam. Gegen den Antisemitismus zu argumentieren war zwecklos; das mußten bald jene deutschen Juden erfahren, denen das Auftauchen der Ostjuden mißliebig war, weil es die Aporien ihres eigenen Daseins offenlegte. Der Antisemit projeziert nur sein regressives Inneres auf die äußere Welt, er sieht nur, was er bereits auf der Netzhaut hat. Als kleine Kaufleute, Schuster, Uhrmacher, Schneider, Hausierer und Zigarettenarbeiter lassen sich die meisten in großen Städten nieder. Die Offenbacher Lederindustrie wie das Kürschnergewerbe in Leipzig wären ohne sie undenkbar. Sombart, der in seinen Vorlesungen, wie man zeitgenössischen Berichten entnehmen kann, selbst die deutschen Juden zum Entzücken brachte mit seinen Thesen über den angeblich jüdischen Ursprung des Kapitalismus, mag vielleicht recht haben, daß Juden bei der Einführung der Tabakindustrie in Deutschland eine gewichtige Rolle gespielt haben. Ganz sicher jedoch ist, daß ostjüdische Zigarettenarbeiter in Berlin das gedreht haben, was die Berliner mit Vorliebe rauchten: Manoli, Carbaty, Muratti.

Der Erste Weltkrieg begann für die polnischen Juden mit einer Überraschung, wie sie deutsche Politik seitdem nicht mehr parat gehabt hat: in mehr als zweithunderttausend Flugblättern ließ der vereinigte Generalstab ein nationalrevolutionäres Manifest über die Befreiung der Juden verteilen: »Juden in Polen! ... Unsere Fahnen bringen Euch Recht und Freiheit: Gleiches, volles Bürgerrecht, wirkliche Glaubensfreiheit und Lebensfreiheit auf allen wirtschaftlichen und kulturellen Gebieten. Zu lange habt ihr unter dem eisernen Joche Moskaus gelitten. Wir kommen als Befreier zu Euch ...« Dieser üble Scherz, den die jüdische Bevölkerung für bare Münze genommen hatte, kam sie teuer zu stehen. Dem Schicksal an wechselnden Fronten ausgeliefert, an denen sie jeweils ihre Gutgläubigkeit büßen mußten, erwies sich auch unter deutscher Okkupation, daß die Deutschen, wenn sie Befreiung sagen Zwangsarbeit meinen; zwei Jahrzehnte später wurde, was hier als taktisches Täuschungsmanöver fungierte, zum offen ausgesprochenen Zynismus: Arbeit macht frei.

Im Verlauf des Krieges, entweder zwangsverpflichtet oder mit Arbeitsverträgen, die einer Gefangennahme gleichkamen, wurden über fünfunddreißigtausend polnische und russische Juden nach Deutschland transportiert, um dort in der Rüstungsindustrie oder auch beim Ausbau der Berliner S-Bahn zu arbeiten. Nach dem Rückzug der Deutschen, dem Zusammenbruch der Habsburger Monarchie und während der ersten ungewissen Jahre der bedrängten Russischen Revolution, brach über ganz Osteuropa eine Flut von Pogromen und Vertreibungen herein; sie waren das Geburtstagsgeschenk der neugegründeten Nationalstaaten oder der wiedererlangten Unabhängigkeit. Zehntausende von Juden, plötzlich obdach-, heimat- oder auch staatenlos, versuchten trotz zeitweiliger Grenzsperre – von Antisemiten lautstark gefordert, von den anderen mit einvernehmlichen Schweigen gebilligt – den rettenden Boden eines Landes zu erreichen, in dem sie ihres Lebens sicher sein konnten und vielleicht auch ein Auskommen finden mochten.

So kommen die Ostjuden nach Berlin und wollen in wenigen Jahren erreichen, wozu ein anderer armer Jude vor rund zweihundertfünfzig Jahren den Grundstein gelegt hatte: den wirtschaftlichen und gesellschaftlichen Aufstieg in die bürgerliche Gesellschaft. Damals war der junge Moses Mendelssohn mit nicht mehr Rechten als denen eines Haustieres am Schlesischen Tor in Berlin angekommen. Nun kommen die Flüchtlinge am Schlesischen Bahnhof an und begeben sich, weil es andere vor ihnen auch so gemacht haben, in das Viertel hinter dem Alexanderplatz. Aber in Berlin treffen sie nicht auf ein aufsteigendes Bürgertum, Aufklärung und Lessing, sondern sie finden dort spätbürgerliche Zersetzung, Antisemitismus und Ludendorff. Rund um die Grenadierstraße lassen sie sich provisorisch nieder, immer in der Hoffnung, doch noch den zweiten, größeren Schritt über den Ozean zu tun. Doch viele bleiben. Wieviele? Die amtliche Statistik von 1925 rechnet folgendes vor: Die Zahl von einhundertsiebentausend ausländischen Juden, die gegen eine Bevölkerung von über sechzig Millionen verschwindend gering ist, erhält auch kein größeres Gewicht, wenn man sie auf die im Deutschen Reich befindlichen Ausländer bezieht, die fast eine Million ausmachen. Gewichtiger wird ihr Anteil, setzt man sie in Beziehung zur jüdischen Bevölkerung in Deutschland, die damals knapp sechshunderttausend Personen umfaßt hat. In Berlin waren von einhundertsiebzigtausend ansässigen Juden mehr als vierzigtausend Ausländer. Wie viele darunter Ostjuden waren, das übertreibt der Polizeipräsident und untertreibt die Jüdische Gemeinde, wie viele davon im Scheunenviertel wohnten, übertreibt das städtische Wohnungsamt und untertreibt das jüdische Arbeiterfürsorgeamt. Jenseits bloßer Vermutungen, welche Zahlen mit problematischer Herkunft nur zulassen, steht unzweifelhaft fest, daß nahezu die Hälfte aller Ausländer in der Innenstadt wohnte, wo auch ein Großteil der Juden wohnhaft war. Und in der Innenstadt lag das Scheunenviertel, ein zwielichtiger Bezirk, in dem die Dunkelziffer regierte. Mag ein Sozialwissenschaftler über der Suche nach exakten Zahlen verzweifeln oder reüssieren, hier soll die Feststellung genügen, daß einige Tausend hinter dem Alexanderplatz gewohnt haben.

Wer in alten Adreßbüchern blättert, dem verwandeln sich unter der Hand die Straßenverzeichnisse des Viertels in Transportlisten: Pufeles, Grünbaum, Kahane und Süßmann lauten die Namen; auch die Resultate der Germanisierungslaune österreichischer Beamter kann man finden: Butterfaß, Witzig oder Sternkuker. Kaum ein Haus, das nicht jüdische Mieter mit fremden und der Zunge oft nicht geläufigen Namen hätte, und manchmal auch schon ein Haus, dessen Eigentümer irgendein Samuel Goldfinger ist, hinter dessen Namen das Adreßbuch diskret die Bezeichnung »Ausland« vermerkt. Diesem zufälligen Herrn Goldfinger ist das Glück, welches sein Name verspricht, nur kurze Zeit hold, weil er, der Auserwählte unter Tausenden, während der Inflation seine kostbaren, doch unbeständigen Devisen in die kostbarere und beständige Form eines Mietshauses verwandeln kann. Wenige Jahre später bleibt ihm nur noch der Name, der wie eine Zielscheibe an ihm hängt.
Ihr Zentrum hat die ostjüdische Einwanderung in einer Straße, die, fast vertraut wie in Kolomea oder Przemysl, alles beherbergt, dessen der aus dem Stetl in die Stadt verschlagene Ostjude bedarf, damit die ersten Härten der Fremdheit gemildert würden, in der Grenadierstraße. Auf beiden Seiten der Straße eine Vielzahl von Geschäften, in Kellern und Läden, Bäckereien, Schustereien, mehrere Buchhandlungen, Schlächtereien, Schneidereien, christliches wie jüdisches Kleinhandwerk, eine zweifelhafte Damenkneipe, koschere Speisestuben, Friseure; Absteigen, die sich als Hotels für Durchreisende und Neuankömmlinge präsentieren, Lebensmittelgeschäfte und schließlich ein ambulanter Straßenhandel mit Obst und Gemüse, wie man ihn in vielen Gassen und Straßen des Viertels ohne jüdische Atmosphäre längst kannte. Doch diese Straße, in der Zuckmayer den Schuster Wilhelm Voigt beim jüdischen Kleidertrödler Kracauer die zum »Hauptmann von Köpenick« notwendigen Voraussetzungen erstehen läßt, gewinnt erst dadurch ihren unverwechselbar ostjüdischen Charakter, daß neben dem Gewerbe das Gebet, neben dem Laden die Lehre zum Alltag zählen. Keine Straße, die so viele Betstuben versammelt wie diese, deren jede einer eigenen mitgebrachten Tradition folgt, sich absetzt gegen die nächstliegende, manchmal in Fehde mit der benachbarten liegt und doch zusammen mit allen anderen eine gedrängte Topographie der religiösen Strömungen des östlichen Judentums ergibt: man findet darunter ein »Stibel« des Dombrower Rebbe, dessen chassidische Tradition hier fortgesetzt wird; das Stibel der Anhänger des Seibuscher Raw, ein Radomsker Stibel mit dem Titschiner Rebbe, ein Polcsker Stibel, die Betstätte für die Anhänger von Raw Liebermann, des Kalischer Raw … – Namen und Orte einer fremden Welt, deren schillernde Vielfalt sich nur dem erschließt, der zu ihr gehört. Dem Außenstehenden, ob Jude oder Nichtjude, ist sie so unverständlich wie einem Europäer, der den afrikanischen Kontinent betritt. Er sieht nur Schwarze: schwarze Mäntel, schwarze Beinkleider, schwarze Hüte und schwarze Bärte.
Am Schabbath und erst recht an den großen Feiertagen verwandelt sich das geschäftige Treiben der Straße, der Lärm der holpernden Karren, das Klopfen und Hämmern aus den Werkstätten und die lautstarke Auseinandersetzung am Verkaufsstand in eine würdevolle Szenerie, wo jeder von seiner besten Seite sich sehen läßt und gesehen werden will; dann wird die Straße zur Promenade. Während die Religion der assimilierten Juden, nur wenig unterschieden von den christlichen, sich in der prächtigen Synagoge und als Familienfeier äußert, vereinigt die ostjüdische Religiosität das muffige Dunkel einer ärmlichen Betstube und die Intimität der Familie unbekümmert mit der Publizität der Straße. Am Freudenfest der Thora oder bei der Einweihung einer neuen Synagoge strömen die Menschen singend auf die Straße, die Kinder froh, für heute dem Cheder, der Religionsschule, entronnen zu sein. Einmal im Jahr, nach dem Neujahrsfest, bewegt sich ein feierlicher Zug, Familie für Familie aus der Straße, aus dem ganzen Viertel hinaus und hinunter zur Spree, um symbolisch mit Krümeln aus den umgestülpten Taschen alle Sünden ins Wasser zu werfen. Richtig in Aufruhr gerät die Straße jedoch dann, wenn der Besuch

eines großen Rabbiners aus Polen angekündigt wird, der mit seinem Gefolge wie ein Fürst empfangen zu werden pflegt, um für eine Zeitlang Hof zu halten.
Zwar gibt es in fast allen anderen Straßen des Viertels weitere Betstuben, Talmudschulen und Synagogen, aber ihnen kommt nur die Rolle von Planeten zu, welche um die Sonne der Grenadierstraße kreisen. In diesen Straßen überwiegen die gänzlich säkularen Einrichtungen und Organisationen: sozialistische Klubs und zionistische Kulturvereine, Parteilokale, Lesehallen, Teestuben und Kindergärten.
Eine dieser Einrichtungen, die mehr als lokale Bedeutung erlangte, ja deren Ruf weit über Berlin hinausdrang, war das Jüdische Volksheim in der Dragonerstraße (heute Max-Beer-Straße). Während der schwärmerischen Entdeckung des Ostjudentums aus den Ideen Toynbees, Tolstois und der russischen Narodniki geboren und von vornehmlich westjüdischen Intellektuellen gegründet, zeigt die kurze Geschichte des Volksheims, die bis Ende der zwanziger Jahre währte, exemplarisch und jenseits aller jüdischen Fragen, wie sich unter den vorherrschenden Verhältnissen die Kombination von Sozialismus und Pädagogik entfalten muß: am Anfang steht ein revolutionäres Bekenntnis, dann werden die Kinder gesammelt und die Jugend organisiert, und am Schluß kommen die Reform der Sozialarbeit wie die Aspiranten auf eine Planstelle heraus.
1916 hielt Gustav Landauer die Rede zur Eröffnung des Volksheims, dessen Konzeption für eine geraume Zeit viele jüdische Intellektuelle anzog, die glaubten, aus der Beschäftigung mit ostjüdischen, oft verwahrlosten Kindern, zu den Quellen eines verschütteten Judentums zu gelangen. An den Gruppenabenden des Heims fanden politische, religiöse und pädagogische Diskussionen der Mitarbeiter statt, an denen, um einige wenige Namen zu nennen, die mit der Entwicklung dieser Institution im Scheunenviertel verbunden waren, Martin Buber, Salman Rubaschoff (der spätere israelische Staatspräsident Schasar), Gerschom Scholem, Siegfried Lehmann (der Gründer des Volksheims), Gertrude Welkanoz (die pädagogische Leiterin der Einrichtung) und viele andere sich beteiligten. Aber wie ein halbes Jahrhundert später in den Kinderläden die Kinder, wenn es gut abging, den hölzernen Aufklärungsversuchen der Eltern widerspenstig ihr Räuber-und-Gendarmspiel entgegensetzten, so dachten die von der Straße aufgelesenen oder aus dem Cheder geholten ostjüdischen Kinder nicht daran, den beflissenen Vorhaltungen mittelständischer Juden, man müsse gesetzestreu leben und strikt koscher essen, zu folgen. Die Kinder und Halbwüchsigen, so ist in einem Resümee Ende der zwanziger Jahre nachzulesen, aßen, was ihnen schmeckte.
Auch die Versuche, vermittelt über die Kinder ins Volk oder was sie dafür hielten zu gelangen, schlugen kläglich fehl. Die Arbeiter in der näheren Umgebung verhielten sich indifferent bis feindselig, heißt es in einem Jahresbericht. Den Verdacht, daß es dabei oft weniger um die Bekämpfung materieller Not als um die gefühlvolle und gesellige Behebung einer geistigen Obdachlosigkeit ging, wie sie heute als Selbstverwirklichung oder Selbstfindung propagiert wird, belegen die sarkastischen Anmerkungen, die Gerschom Scholem in seinen Erinnerungen dem Volksheim gewidmet hat: »Als ich zum ersten Mal ins Volksheim kam, bot sich mir ein seltsames Bild. Die Helfer und Besucher saßen auf den Stühlen; am Boden höchst malerisch um Gertrude, die Röcke hochästhetisch drapiert, saßen die jungen Mädchen, unter denen ... Franz Kafkas Braut Felice Bauer war ... ich war schockiert. Was mich umgab, war eine Atmosphäre ästhetischer Ekstase.« Scholem riet schließlich dem Leiter des Unternehmens, er solle, statt sich mit »Unfug und literarischem Geschwätz zu befassen, lieber Hebräisch lernen und zu den Quellen gehen.«
Auch Kafka, dessen Freund Max Brod mit Dichterlesungen im Volksheim zu Gast war, hat, wie seine Briefe zeigen, zwar mit großem Interesse die Anfänge des Volksheims begleitet, gleichzeitig aber entschiedene Bedenken gegen die vom Volksheim intendierte Symbiose von Ost und West vorgebracht. Einige Jahre später hatten sich die vagen sozialisti-

schen und kulturzionistischen Vorstellungen des Volksheimkreises schon den strammen Ansichten der Jugendbewegung angenähert. Die diffuse Schwärmerei fürs Ostjüdische wurde verdrängt von der Begeisterung für Palästina, der Aufstieg aus dem Ghetto in der Auswanderung gesehen und die Vorstellungen vom Proletariat durch das Konzept einer Klasse von Pionieren ersetzt. Statt weiter Gedichte auswendig zu lernen, womit die ostjüdischen Kinder vorgeblich kultiviert werden sollten, wurden nun Fahrtenlieder gesungen und verbissene Wanderungen unternommen. Dazu konnte man keine kleinen Kinder mehr gebrauchen und schloß deshalb 1929 den Kindergarten des Volksheims. Die anderen Gruppen gingen umstandslos in der jüdischen Jugendbewegung auf oder wanderten nach Palästina aus, um dort neu zu beginnen, was fortzusetzen in Deutschland bald nicht mehr möglich war.

Das Scheitern des Jüdischen Volksheims war aber nur die Begleiterscheinung einer allgemeinen Niederlage, die mit den Rückzugsgefechten von Spartacus auch in den Straßen des Scheunenviertels besiegelt worden war. In der Zunahme zionistischer und bündischer Momente, die schließlich im Volksheim dominierten, kam nur eine nationalistische Antwort auf die verlorene Revolution zum Ausdruck. Hatte die polnische Unabhängigkeit die polnischen Juden mit Pogromen begrüßt, so erhielten die Juden in Deutschland als Morgengabe der Republik die Leiche von Rosa Luxemburg. Mit ihrer Ermordung war das Schicksal der Demokratie wie das der Juden entschieden. »Schlagt sie tot, das Weltgericht fragt euch nach den Gründen nicht« war die Parole der Totschläger, die durch jeden neuen Mord darauf hinwiesen, wie unauflöslich die Freiheit der Juden mit der sozialistischen Revolution verschränkt war und wie man sich beider entledigen konnte. Wahrscheinlich hatten die galizischen Einwanderer hinter dem Alexanderplatz nie etwas gehört von Rosa Luxemburg aus Zamość, von Leo Jogiches aus Wilna, dem Jerusalem des Ostens, oder von Eugen Leviné aus St. Petersburg. Doch deren Mörder sorgten dafür, daß kein Ostjude sich mehr sicher fühlen durfte. Bis 1923, als Tausende plündernd und mißhandelnd durch das jüdische Viertel zogen, waren alle rassistischen Wahngebilde, alle Erniedrigungen, Beleidigungen, Verwünschungen und Drohungen schon in einer solchen Schärfe ausgebildet, daß die einzige Originalität der Nationalsozialisten nur noch darin bestand, daß sie wahr machten, wonach die Deutschen schon damals verlangten.

Die kurze Geschichte der ostjüdischen Einwanderung enthüllt den Nimbus, der das Jahr 1933 umgibt, als ausgemachten Schwindel. Dies Datum markiert keinen Einbruch, weder ein jähes Ende, noch einen abrupten Anfang. Als Unerwünschte, Rechtlose und politisch Anrüchige, die ihre Herkunft, wie ein Reichstagsabgeordneter sagte, schon durch ihre »körperliche Beredsamkeit« verrieten, machen viele Ostjuden schon an der Grenze Bekanntschaft mit den Mitteln des modernen Staates, der Ausweisung und Abschiebung für sie bereithält, aber auch schon einen Ort, dessen schon damals geläufige Bezeichnung »Konzentrationslager« die kommenden Schrecken noch nicht verrät. Wer es nach Berlin schafft, kommt an gezeichnet als Schieber, Krankheitserreger, Mädchenschänder, Schmuggler und Schwindler, als Hausierer und Hehler, als Dieb, der, wie ein beliebiges Flugblatt formuliert, dem hungernden deutschen Volks das Mahl für seine Pessahmazzen gestohlen haben soll.

Sie ziehen in die Grenadierstraße, die in Umkehrung der keiner Erinnerung mehr gewärtigen Bezeichnung aus dem frühen 19. Jahrhundert sich aus einer »Verlorenen Straße« in eine Straße der Verlorenen verwandelt.

IV.

Der Ostjude ist der Fremde par excellence. Seine Erscheinung erinnert gleichermaßen an die Schandtaten der Epoche wie an ihre verspielten Hoffnungen. Freizügigkeit erscheint an ihm als das Schrecknis der Flucht, Freiheit als der Fluch der Vogelfreiheit, Individualität als bedrohliche Abweichung, das Versprechen der freien Assoziation als Gespenst der Staatenlosigkeit, die emphatisch verkündeten

Menschenrechte zeigen sich als lächerlicher Plunder.
Von Georg Simmel stammen einige der treffendsten Bemerkungen zur Phänomenologie des Fremden. Nicht zufällig sind sie in einer Zeit formuliert worden, als die xenophobische Ranküne gegen die osteuropäischen, vor der Rache des Zarismus nach der ersten Revolution flüchtigen Juden jenen völkischen Beiklang erhielt, der den Antisemitismus der liberalen Ära schließlich zur paranoiden Weltanschauung ummodeln sollte. Simmel, in den Augen seiner zu kurz gekommenen Neider die anstößige Verkörperung des Glücks, weil ohne Mühsal, war oft genug das Objekt jener inneren Ausbürgerungsversuche, welche vornehmlich an Geist und Geld, an Intellektuellen und Bankiers, erprobt wurden. Sie sollten der Freiheit ohne Verordnung, des Genusses ohne Anstrengung, der Zerstreuung ohne Achselschweiß, des Glücks ohne Macht nicht in Ruhe teilhaftig werden, solange die von Herrschaft Zugerichteten sich selbst den Wunsch nach Glück austrieben. Der Intellektuelle wie der Bankier, von der verstümmelten Wahrnehmung zu oft ausländischen anarchistischen oder plutokratischen Weltverschwörern verzeichnet, gemahnen zweifach an die verleugnete Sehnsucht der abgerichteten Massen. Wo immer inmitten des allgemeinen Unglücks auch nur der Anschein realisierten Glücks aufleuchtet, muß an seinen Trägern gestraft werden, was die Abhängigen sich versagen. Durch die Veräußerlichung zementiert fortwährend die Herrschaft ihre Risse. Andererseits entpuppt sich die in Regie genommene Erfüllung der geheimen Wünsche als konsequente Realisierung der krankhaften Wahrnehmung: die Nazis handelten nicht nur so, als gäbe es wirklich eine jüdische Weltverschwörung, sie versuchten außerdem mit Erfolg, alle den Juden angedichteten Hirngespinste für sich selbst wahr zu machen. Die Vernichtung der Welt wurde nicht länger von einem obskuren Rat der »Weisen von Zion« ausgeheckt, sondern planmäßig vom deutschen Generalstab in Angriff genommen. Solange der dumpfe Groll gegen die Exponenten der Zirkulation drunten gehalten werden muß, weil die Herrschaft ihrer noch bedarf, gibt alles andere, was weniger exponiert, aber doch auffällig genug ist, Anlaß, in jenem sich selbst abzustrafen und auf Kommendes sich einzuüben. Und auffällig sind die Ostjuden.
Die deutschen Juden hatten nach und nach aufgehört, eine durch Gebräuche, Anschauungen und Sitten besondere Gruppe zu sein, was mit einem dem biologistischen Denken des 19. Jahrhunderts entlehnten Begriff, mit Assimilation, bezeichnet wurde. Dieser Prozeß der Angleichung ans falsche Ganze, der die Juden in Deutschland zu oft wahnwitzigen Akten der Selbstverleugnung getrieben hat, ist auch nach der mörderischen Zerstörung der seit je illusionären deutsch-jüdischen Symbiose noch nicht zu Ende. Ossietzkys spöttische Verwandlung des »Centralvereins deutscher Staatsbürger jüdischen Glaubens« in »Centralverein deutscher Staatsjuden bürgerlichen Glaubens« findet in den Ehrenerklärungen, welche die Repräsentanten der Juden für deutsche Politiker im Austausch gegen ein Verdienstkreuz abgeben, eine späte und deprimierende Bestätigung.
Im fremden, doch anpassungswilligen Ostjuden erscheint fast greifbar, was die Zerstörungswut der Gleichgeschalteten auf sich zieht. An jenen ist noch nicht erloschen, was diese an sich selbst abgetötet haben; und im handgreiflichen Angriff auf die Insignien der Differenz, auf Pejes, Bart, Strejmel, Kaftan und Scheitel, dem sadistisch aufgeheizten Vorspiel zur kalt organisierten Deportation, macht der Spießer Ernst mit dem schon immer aus seinem Munde bedrohlich klingenden Satz der Aufklärung, daß die Menschen alle gleich seien. Das hätte er gern. Regungslos und diszipliniert, erlaubt er sich im Pogrom die Regung, damit sie den Ostjuden ausgetrieben würde. Nur im nervösen Händegefuchtel und im schiefnasigen Grimassieren des antijüdischen Witzes kann sich die ohnmächtige Wut eine Karikatur von Ausdrucksfreiheit verschaffen. Die undressierte Mimik des Ostjuden, seine vermittelnden Gebärden, die an den anderen unter dem Zwang der Produktionsverhältnisse längst verstummt sind und als bloßer Reflex wirken, fordern die unvermittelte Motorik heraus: auf die bered-

same Gestik der Hände, das Zeichen noch nicht erloschener Angst, reagiert die sprachlose Faust, deren Besitzer keine mehr kennen darf.
Georg Simmel hat in seinem »Exkurs über den Fremden« jene Unstetigkeit, Abweichung und Irritation, welche den populistischen Demokratismus außer Fassung bringt, daß er »Überfremdung« schreit, ehe er zu Taten schreitet, präzise bezeichnet: »Es ist hier also der Fremde nicht in dem bisher vielfach berührten Sinn gemeint, als der Wandernde, der heute kommt und morgen geht, sondern als der, der heute kommt und morgen bleibt – sozusagen der potentiell Wandernde, der, obgleich er nicht weitergezogen ist, die Gelöstheit des Kommens und Gehens nicht ganz überwunden hat«. Dieser Fremdheit, welche Simmel mit prophetischem Blick als Essenz jüdischen Daseins begreift, entspringt eine seltene Qualität, von deren Preis die Rede bereits war.
Diese Qualität, so bedeutet Simmel, sei gekennzeichnet durch eine Synthese von Nähe und Ferne, durch reflektierte Distanz, Beweglichkeit und Objektivität. Mit anderen Worten: die Träger derartiger Eigenschaften eignen sich nicht für den öffentlichen Dienst, sondern für die Rolle des Schuldigen, den jener braucht. Schon in einem Spottgedicht von Heine heißt es: »...Ausländer, Fremde sind es meist, die unter uns gesät den Geist der Rebellion...«
Nicht verwachsen, verwurzelt, verankert, nicht in der Erde festgemauert und auf keiner Grundordnung stehend, demonstriert die Anwesenheit des Fremden in seiner je besonderen Gestalt die eingebüßten Chancen auf Freiheit. Beweglich, weil auf der Hut, gelassen und engagiert zugleich, freischwebend, weil nicht an den Boden gefesselt, und den Horizont der Gesellschaft kühl ausmessend, vertrauenswert aber nicht vertraulich, blitzen in der Erscheinung des Fremden die Möglichkeit oder der Nachglanz des besseren Lebens auf.

V.

»Die heutigen Staaten sind das Grab der Völker. Staaten sind Kollektivbestien«.

Alfred Döblin,
Reise in Polen

Nur, in der Regel ist dieses teilweise Glück ein ganzes Unglück. Selten, daß einer freiwillig zum Fremden wird und selten, daß es ihm dabei gut geht. Am Flüchtling, der kollektiven Gestalt des Fremden im 20. Jahrhundert, scheitert die optimistische Theorie vollends, die besagt, der geschichtliche Prozeß, der Fortschritt, produziere aus sich heraus die Mittel zur Lösung der von ihm verursachten Probleme. War dies schon zweifelhaft zur Geburtsstunde der bürgerlichen Gesellschaft, angesichts der Millionenzahl von Flüchtlingen, die seit dem Ersten Weltkrieg die elende und ständig anwachsende Manövriermasse der großen Politik bilden, verwandelt sich jene Behauptung in uneingeschränkte Affirmation.
Die Freisetzung der historischen Potenzen der Arbeit setzte den freien Arbeiter voraus, frei von natürlichen Verwirklichungsbedingungen, befreit vom Despotismus der Natur und von der Natur des Despotismus. Irgendwo zwischen diesen blutig ausgefochtenen Voraussetzungen und den blutrünstig ausgefochtenen Resultaten, wo die Arbeiterklassen sich gegenseitig abgeschlachtet haben, lag, mittlerweile unauffindbar verloren, die Chance, den katastrophischen Gang der Geschichte zu wenden. Je näher wir der Gegenwart kommen, desto kürzer werden die spekulativen Verschnaufpausen zwischen Ursache und Wirkung, bis wir schließlich in eine ununterscheidbare Abfolge kollektiver Untaten geraten.
In diesem ausweglosen Zirkel, den niemand so eindringlich beschrieben hat wie Hannah Arendt, sind die Flüchtlinge gefangen. Abgestoßen von zerfallenden Nationalstaaten, deren Überlebtheit in den Chefetagen längst anerkannt war, ehe in Regierungskonferenzen über die Neuaufteilung der Erde verhandelt wurde, wird der millionenfache Beweis für die

Notwendigkeit, daß sich die tatsächlich zu einer Welt verwebten Menschen als *eine* Menschheit begreifen müssen, von einem Land ins andere verschoben, bis eines Tages entdeckt wird, daß die Heimat der Heimatlosen das Internierungslager, schließlich das Konzentrationslager sein soll.
Mit den Heimatlosen, produziert im Schoß einer maroden Ordnung und doch, wenn auch im Gewand der Schande, nämlich der Rechtlosigkeit, einen vernünftigen Zustand der Welt antizipierend, entbindet diese zerrüttete Ordnung auch, was diese Antizipation verschlingt. Dem hochaktuellen Begriff »Bevölkerungsexplosion« nicht unähnlich, fallen Diagnose und Therapie in eins.
Jede Staatsgründung, jede Revolution und jeder Krieg im 20. Jahrhundert hat bislang Menschenmassen vertrieben, deren einziges Fehl darin bestand, nicht daß sie einer gestürzten Klasse oder einer besiegten Partei angehörten, sondern daß sie überhaupt existierten. Mit genau dieser Qualität, nur Menschennatur zu besitzen, wurden sie verjagt und ausgesetzt. Und nur Mensch zu sein, nichts weiter, das ist gar nichts; das wußten schon die Griechen sehr genau, für die alle Fremden Barbaren waren.
Die als Gipfel zeitgenössischer Humanität ausposaunte Maxime, daß ein Jude oder ein Neger auch ein Mensch sei, gerät unter diesem Aspekt zu einer doppelten Schamlosigkeit. Mensch zu sein ist, als würde man dem Affen bescheinigen, er sei ein Tier, es ist die unterschiedslose Bestimmung, die den Verhungernden in Indien wie die Hausfrau im Brigitte-Diät-Club umfaßt. Jemandem attestieren, Mensch zu sein, kommt einer einverständlichen Todeserklärung gleich; jemandem unter den obwaltenden Umständen versichern, auch er sei ein Mensch, ist bestenfalls eine verachtungsvolle Geste und in den Augen des angesprochenen Negers sicher ein höchst fragwürdiges Verdienst.
An den Ostjuden wird frühzeitig vollstreckt, was die Völker vorgesehen haben als Strafe für die widerspenstige Eigenschaft, nicht in der überholten Dreieinigkeit von Territorium, Volk und Staat aufzugehen: als unerwünschte Minderheit, lästige Ausländer, rechtlose Fremde und verächtliche Staatenlose werden sie zum Strandgut einer Epoche; schließlich wird der ganze Kontinent zum Totenschiff.
Die in die billige Abbruchgegend hinter dem Berliner Alexanderplatz ziehen, dem ukrainischen Hetman entkommen oder von der polnischen Soldateska nur ausgeplündert, verwechseln vor lauter Dankbarkeit den Schlesischen Bahnhof mit den Piers von Manhattan oder dem Hafen von Dover. Weil das Geld für die Passage nicht reicht, halten sie das Scheunenviertel für Klein-Brooklyn, und so spricht sich die Grenadierstraße bis in die entlegensten Dörfer Galiziens herum als sagenhafte erste Stufe zum Paradies, während die Deutschen schon laut darüber nachdenken, wie sie ihnen Schlimmeres als den neunten Kreis der Hölle bereiten könnten.
Einmal Emigrant, immer Emigrant lautet der böse Fluch, der, wo immer sie auftauchen, an ihnen hängt wie ein schlechter Geruch. Der Akzent, in welchem sie verlangen, wonach alle verlangt, nach einer gesicherten Bleibe, verrät den Einheimischen, an wem sie die Drohung, es möchte ihnen morgen ebenso ergehen, entkräften könnten. In jeder verweigerten Tür, in jeder Kündigung, in jeder polizeilichen Ausweisung, den kleinen Anweisungen auf den großen Transfer in die Lager, wird insgeheim die erste Abschlagszahlung auf das eigene Schicksal verbucht.
Am Ende des Ersten Weltkriegs stehen sie im Nichts: die Minderheiten, die Flüchtlinge und die Staatenlosen. Der Wanderung der Völker ohne Staat effektiv zu steuern, ersinnen die Bürokratien der durch wechselnde Grenzen mit wechselnden Minderheiten konfrontierten Staaten ein ganzes Arsenal halb- und illegaler Zwangsmittel. Darunter Denaturalisierung und Entzug der Staatsbürgerschaft, Maßnahmen, die zu den wirksamsten Waffen totalitärer Regime sich entwickeln sollten. Die Nazis haben, in früher Perfektionierung demoskopischer Mittel – die Regierung tut, was die Bevölkerung will, daß die Regierung befiehlt –, genau gewußt, daß sich keiner regen würde, wenn es gegen Menschen ging, die außer auf ihr menschliches Antlitz auf nichts verweisen konnten. War erst einmal die juristische Person durch Entzug der Staatsbürger-

schaft und anderer Rechte zerstört, dann erwies sich die Behauptung von den eingeborenen Rechten eines jeden Menschen als hohle Phrase; nur im Besitz sogenannter unveräußerlicher natürlicher Rechte waren die schutzlosen Individuen geradezu die personifizierte Einladung für den Schrecken. »Ihre Unbezogenheit zur Welt, ihre Weltlosigkeit ist wie eine Aufforderung zum Mord«, schreibt Hannah Arendt über die Aporien der Menschenrechte, »wenn man sie mordet ist es, als sei niemandem ein Unrecht oder auch ein Leid geschehen«.
Aber nicht erst 1933, als Flüchtling und Staatenloser meist identisch werden und die Nazis befriedigt zur Kenntnis nehmen können, daß die Hinausgeworfenen im Ausland als Auswurf ankommen, nicht erst mit der planmäßigen Koordination der Willkür wankt die verläßlichste Bastion, in welcher der schutzsuchende Flüchtling sich verschanzen könnte; sie ist längst geschleift. Das Asylrecht, vom Anbeginn politischer Gemeinwesen herrührend und aus der Idee der solidarischen Gattung geboren, ist unter der Massenflucht im ersten Drittel des Jahrhunderts zusammengebrochen. Seine Anwendung ist, wie fast alle Artikel, die Ausländer betreffen, zu einer Polizeiangelegenheit geworden. Über diese Fragen hat sich die Polizei der verschiedenen Länder dahin entwickelt, wozu es die Arbeiterbewegung nie gebracht hat: zu einer wirklichen und effektiven Internationale.
Unter diesen Umständen hat sich, was dem Flüchtigen Schutz und Recht gewähren sollte, verwandelt in eine prekäre Gnade, der er jederzeit verlustig gehen konnte, denn Gnade ist nur das Schmunzeln der Willkür, eine Laune der Macht, die ihn beständig mit dem Schreckgespenst der Abschiebung bedrohte. Und Abschiebung in ihrer schlimmsten Form heißt nun auf paradoxe Weise Repatriierung, Rückverbringung in ein Vaterland, das keines ist. Damit wird Heimat zur Strafe für Heimatlosigkeit, sie erscheint gar als der äußerste Punkt der Fremde.
Das hat mit Entfremdung, die mittlerweile für jeden vegetativen Aufstoß der neuen Betroffenheit herhalten muß, wenig zu tun. Entfremdung nähme der Fremde gern in Kauf, hätte er nur eine sichere Bleibe. Heimführung meint ihr genaues Gegenteil: für den politischen Flüchtling bedeutet sie den Weg aus einer unsicheren Freiheit in die sichere Unfreiheit, er zieht ein schäbiges Mehrbettzimmer in der Hirtenstraße einer Einzelzelle in Warschau vor; für die anderen, die nicht ahnen, wie schnell der Pogrom, dem sie entronnen sind, in Deutschland zum Programm erhoben werden sollte, bedeutet Rückkehr die Wiederkehr des Elends, sie nehmen lieber gelegentliche Haussuchungen hin als ständige Heimsuchungen.
Daß der Staat den Zustand der ihm unliebsamen Ausländer nicht legalisiert und das Dasein der Staatenlosen nur widerruflich duldet, hat zwei bedenkliche Konsequenzen, die auch das Schicksal der meisten Ostjuden bestimmen: Es entsteht ein Vakuum der Legalität, das die Behörden mit administrativen Willkürakten anfüllen; darin findet am besten sich zurecht, wer angemessen reagiert und selbst zur Illegalität Zuflucht nimmt. Die zweite Konsequenz besteht in dem Umstand, daß aus der almosenhaften Gewährung des Aufenthalts jede Spur von Politik und Recht getilgt und die Flüchtlinge zu Sozialfällen erklärt werden. Für sie gibt es keinen Appellationsgerichtshof, sondern das Wohlfahrtsamt.
So ehrenhaft die Motive der Fürsorger auch sein mögen, so unerschöpflich sich Ligen und Hilfsvereine um den Flüchtling auch mühen, so zweifelsfrei ihre Erfolge in der Abwendung des schlimmsten Elends wie der unmittelbaren Ausweisung auch feststehen, als Objekt jüdischer Caritas bleibt die Lage des Ostjuden, vor allem des staatenlosen, zweifelhaft. Fürsorge kann ihm zur Winterkleidung, aber nicht zur Würde verhelfen, zur Erbsensuppe, aber nicht zur Einbürgerung; sie verschafft ihm durch einen Arbeitsplatz vielleicht kurzfristig Respekt, aber nicht dauerhaft sein Recht.
Mißtrauisch beäugt von allen Parteien, Gegenstand vorurteilsgeladener Debatten in Kommunal- und Landesparlamenten und Angriffsziel einer teils virulent antisemitischen Presse, wird das Schicksal der Ostjuden vorübergehend in die Hände einer eigens dafür geschaffenen jüdischen Wohlfahrtseinrich-

tung gelegt. Nichts gereicht mehr zur Schande der deutschen Revolution als der Willkommensgruß an die polnischen Juden: keine brüderliche Proklamation, sondern ein Erlaß des preußischen Innenministers, der Flüchtlinge wie ostjüdischen Zwangsarbeiter auf die Fürsorge verweist. Diese Schande wird nur dadurch übertroffen, daß das jüdische Arbeiterfürsorgeamt mehr republikanische Gesinnung an den Tag legt als je eine deutsche Behörde. So machten die Ostjuden, als Schachfigur deutscher Kriegspolitik in Polen mißbraucht, eine Erfahrung, die sie von dort und in einer bitteren Redensart zusammengefaßt kennen: »Jak bieda to do żyda, po biedzie precz żydzie«; was soviel heißt wie, daß die Juden sich zum Teufel scheren sollten, wenn die Not, wegen derer man sie gerufen habe, vorbei sei.

Im Unterschied zur traditionellen jüdischen Wanderfürsorge, welche der Unterstützung der nur durchreisenden und nach Amerika emigrierenden Juden aus dem Osten dient, stehen die neugegründeten Wohlfahrtseinrichtungen unter dem Druck, gegen eine wachsende Feindseligkeit, den Bleibewilligen bei der Beschaffung von Papieren, Unterkunft, Arbeit und all den trivialen Voraussetzungen der Gesellschaftsfähigkeit zu helfen. Doch gegen die Übermacht der Verhältnisse, deren Spuren sie schon im Widerstand dagegen tragen, vermögen jene Anstrengungen nichts. Mit dem sicheren Gespür für die Tendenz, daß die Flüchtlinge die länger ansässigen Juden gleicher Nationalität wieder in Ostjuden und unter äußerer Einwirkung gar wieder in Flüchtlinge verwandeln könnten, kehrt die jüdische Sozialpolitik den Grundsatz der alten Wanderfürsorge um, der die Verschiedenheit der ausländischen Juden hervorhob, um ihnen möglichst beim Verschwinden zu helfen.

Die untrügliche Ahnung vom zwieschlächtigen Charakter der Assimilation, die nicht eliminierbare Angst, es könnte alles vergeblich gewesen sein, stand hinter der philantropisch verbrämten Kälte und ging tiefer als aller sozialer Unterschied. Diese Furcht steht, nachdem sich in der 1916 staatlich verordneten Auszählung jüdischer versus nichtjüdischer Soldaten jene Ahnung längst bestätigt hatte, als letzter Versuch, den Ungeist zu besänftigen, hinter den mit Produktivierungsmythen in Szene gesetzten Eingliederungsversuchen. Mehrere Tausend seien Bergarbeiter geworden, lautet eine Siegesmeldung, gerichtet an die Deutschen, die man besänftigen muß. Die Berliner Gemeinde richtet Kindergärten und eine neue Volksschule ein in der berechtigten Sorge, die Kinder hätten Schlimmeres zu ertragen in anderen Schulen als gelegentliche Püffe, aber doch auch in der Absicht, sie auf die Höhe der Assimilierten zu germanisieren. Nichts ist gründlicher verhöhnt worden als diese verzweifelte Gutwilligkeit. Sie kann die Scham nicht abstreifen, die andere nicht mehr haben dürfen. Als keine mehr da sind, haben sie selbst plötzlich galizische Gesichter.

Keine Heimat zu haben ist kein Unglück, wenn es Städte gibt, und deshalb ziehen die Ostjuden in die Großstadt. Beide, Großstadt und Ostjuden, tauchen als Bestandteil totalitärer Ideologie deshalb regelmäßig zusammen auf, wenn es ums gesunde Leben und gegen den Asphalt, gegen die Entwurzelung, aber für das Dasein des Menschen als Rettich geht.

Keinen Staat zu haben, weil einen dann kein Staat haben kann, ist allerdings ein Unglück, weil einen nämlich kein Staat will. Was vordem ein Kuriosum war, ein Mensch ohne Staatsangehörigkeit, wird nach dem Ersten Weltkrieg ebenfalls zur Massenerscheinung. Des notdürftigen Schutzes, den andere Flüchtlinge unter Umständen genießen konnten, muß der Staatenlose von vornherein entbehren. Noch stärker das Objekt der illegalen Zwangsmaßnahmen als die übrigen Flüchtlinge sucht er, am Rande der Legalität, jenen Zugriffen zu entgehen. Jede Polizei verstößt zwar bei seiner häufig bei Nacht und Nebel über die grüne Grenze durchgeführten Abschiebung gegen die Gesetze eines anderen Staates, er selbst aber ist hier wie dort eine nicht genehmigte Erscheinung, die unerlaubte Verkörperung der Gesetzlosigkeit. Die Empörung Clemenceaus, die Staatenlosen seien die letzten Sklaven Europas, ist schon überholt, ehe sie ausgesprochen wird; die Sklaven hatten es besser als die massenhaften Vorboten einer neuen Vogelfreiheit. Erst den Nazis ge-

lingt es, diesen von ihnen vergrößerten Bevölkerungsteil deportationsfähig zu machen und ins wirkliche Niemandsland zu verschleppen. Der inkriminierte Zustand der Staatenlosigkeit illustriert zum ersten Mal einen bislang unbekannten und paradoxen Sachverhalt, an ihr zeigt sich, daß absolute Rechtlosigkeit und vollkommene Unschuld zusammengehen können. Jene scheint die Strafe für letztere, wenn man diesen Zusammenhang bis in die Vernichtungslager verfolgt. Vorher war ein Minimum an bürgerlichen Rechten für den Rechtlosen offenbar nur um den Preis einer wirklichen Rechtsverletzung zu haben. Ein ordentliches Verbrechen bot wenigstens die Gewähr für ein ordentliches Verfahren, und ein schlecht gefälschter Paß, wie ihn die Polizei ab und zu bei einer Razzia gegen Ausländer gefunden hat, war kein Freibrief für eine heimliche Abschiebung, sondern eher eine wohlpräparierte Eintrittskarte in ein öffentliches Gerichtsgebäude.
Widerruflichen Schutz gegen die tausendfältigen Schikanen fanden die Ostjuden nur auf der Schattenseite der Gesellschaft oder im Rampenlicht, an den Örtlichkeiten, wo sie die Polizei umgehen konnten, oder dem Ort, wo sie die Polizei umging. Das wird von der kurzen ostjüdischen Geschichte des Berliner Scheunenviertels bezeugt, wo manchmal beides seinen Ausgang nahm: die Kellerkarriere eines Unbekannten wie die Bühnenlaufbahn eines Jesajah Ben Aron Gronach aus Galizien, den wir als den Schauspieler Alexander Granach kennen.

VI.

Wer sich auf die Suche nach den Spuren des Ghettos begibt, stößt immer wieder ins Leere. Nichts ist geblieben, außer der Ärmlichkeit der Häuser. Jede Straße des Viertels wie ein lückenhaftes, unansehnliches Gebiß, jedes Haus ein steinerner Sozialfall. Jede Fassade ein graues löchriges Tor, das keinen Blick auf die Vergangenheit preisgibt. Armselige Verwandte der protzigen Schäbigkeit, welche sich in der Innenstadt breitgemacht hat, kennen diese Häuser nur die nämliche monotone Auskunft: Es hat eine Geschichte gegeben, es gibt keine Geschichte mehr.
Noch über seine Niederlage hinaus präsentiert sich in diesen Straßen der Nationalsozialismus als heimlicher Sieger der Epoche: Es soll auch keine Erinnerung mehr geben. Wenn verschwunden war, was irgend an sie erinnern konnte, dann waren die Umgebrachten mehr als tot, dann hatten sie nie gelebt. Und getötet wurde deshalb auch nicht jemand, sondern was, wie die Bezeichnung »Phantomurteil« eines zum Ministerpräsidenten aufgestiegenen Nazirichters verrät. Diese Gebäude, die mehr nicht entäußern, als worin ihr Zweck auch schon erschöpft ist, nämlich in abstrakter Behausung, sie stehen als häßliches Zenotaph des Eingedenkens; in ihren zerschrundenen Mauern ist unentzifferbar die innehaltene Erinnerung, deren Exponenten man liquidiert hat, zerbröckelt. Irgendwann wird ein letzter und anstößiger Rest in der Grenadierstraße verschwinden, drei hebräische Buchstaben, ein absurdes Menetekel des Gedächtnisverlustes. Wie in einem Palimpsest ist an einer Hauswand das Wort »koscher« zu entdecken, ein merkwürdiges Relikt, nicht ausradiert wie jene, denen es als untrügliches Zeichen ihrer Verschiedenheit galt. Man wird es verputzen und wetterfest übertünchen, und damit die rissigen Monumente, die für die Anthropologie nach Auschwitz, für den universellen Verlust der Erinnerung stehen, ihre letzte und bloß diffuse Verstörung verlieren, wird man die Reste adrett renovieren. Auch hier verlangen die Arrivierten nach poliertem Trödel. Schon gilt unter Akademikern und Künstlern eine Wohnung oder ein Haus im Scheunenviertel als schicker Ersatz für die Isolierzelle im Wohnblock.
Aber noch ist die Gegend zwischen Münzstraße und Linienstraße ein unangenehmer Schmutzfleck auf der maßgeschneiderten City. Sie läßt, wenn dem Fremden sich überhaupt etwas erschließen kann, nur den etwas von ihrer anrüchigen Vergangenheit ahnen, der sie bereits kennt. Ansonsten hängt der Geruch von Sagrotan und Braunkohle in den engen Straßen. Daß wer nichts weiß auch nichts erfahren wird, ist eine richtige Einsicht, die allerdings kaum weiterhilft bei den Annäherungsversuchen an die Geschichte des

Viertels als einer Stätte des verrufenen Vergnügens, des obskuren Geschäfts, der roten Laternen und des Schwarzhandels. Im Unterschied zu den bruchstückhaften schriftlichen Zeugnissen jüdischer Existenz im Viertel findet über jene andere, wer will, eine ganze Menge. Doch das Terrain bleibt auch in diesem Fall der blinde Spiegel, welcher die Projektionen selbst des kundigen Betrachters verschluckt. Die Gegenstände verharren stumm gegen die Überredungen des an ihrer Geschichte Interessierten. In ihnen, den alten Häusern und Straßen des Viertels, scheint als Resultat vergangener Zeit und gleichermaßen als Voraussetzung der Gegenwart ein Umstand versteinert, der die Wahrnehmung zutiefst verstört: die Dinge geben nichts mehr preis. Die zu einem grauen Tableau erstarrte Szenerie entbindet in ihren einzelnen Elementen keine warnende Auskunft, aber auch keine tröstende Versicherung. Und so gleichen, angesichts der taubstummen Verweigerung der in Umwelt verwandelten Welt, die Versuche, der Geschichte zwar nicht auf den Grund, doch auf die aus dem Dasein der Dinge nicht mehr dechiffrierbare Spur zu kommen, einem eher mysteriösen Unterfangen. Sie können nurmehr als paradoxe Expeditionen beschrieben werden, als archäologische Unternehmen, die, wie weiland Forschungsreisende auf geplünderte Grabkammern gestoßen sind, beim Graben auf lauter Hohlräume und -löcher treffen. Diese Leerstellen kann der Expeditionsteilnehmer nicht auffüllen, allenfalls kann er sie, dem Verschwundenen nachsinnend, zu einer flüchtigen Skizze des Verlustes verweben.

Gegen dieses abgründige, einer spiritistischen Sitzung nicht unähnliche Spiel, tote Gehäuse mit unerlösten Geistern zu bevölkern, tritt, als wäre nichts gewesen, unverdrossen die vorgeblich progressive Lokalgeschichte auf. Weil das Ganze keine Wahrheit mehr zuläßt, sucht sie im Kleinen das Richtige. Sie lügt sich ihren Hausschatz zurecht, mit dem die Gegenwart dann weiterwuchert bei den neuen Hinterhoffesten, die schon zur Verbrüderung mit dem Blockwart getaugt haben; sie schwört auf die kommunikative Hausgemeinschaft, als habe es nie eine verschworene Volksgemeinschaft gegeben; die Linke entdeckt, nachdem ihr die Welt egal ist, die Heimat und das Volkslied; sie stöbert der, wie es modisch heißt, Geschichte von unten nach, als hätte es dergleichen außer Doubletten dort verbindlich gegeben; sie betreibt emsig und empirisch »oral history«, um vom Immergleichen entzückt zu sein; sie kramt beim kleinen Mann nach großen Gesten, und manchmal knüpft sie dort an, wo es nicht weit war, daß man aufgeknüpft wurde: in der besinnungslosen Besinnung auf die Geschichte hat die deutsche Frauenbewegung den Fackelzug wiederentdeckt.

Von diesem unheilvollen Optimismus setzt sich ab, was man als geschäftige Melancholie bezeichnen könnte. Sie wird angedreht bei der Entdeckung einer verwaschenen Fewa-Reklame über dem Laden eines kleinen Seifenhändlers, der absehbar seine Waschmittel im Kaufhaus besorgen muß; sie entzündet sich an jeder zerbrochenen Putte und an jedem Meter wegrasierten Stucks, ohne je des Katastrophischen gewahr zu werden, das dem Alten wie dem Neuen innewohnt.

Im Scheunenviertel müssen wir nun die Häuser, die keine Schicht ihrer Vergangenheit entschälen, mit Gespenstern bevölkern, damit wir erfahren, was zum unterschiedslosen Memento heruntergekommener Mietshäuser sich versteinert hat.

Von den ostjüdischen Flüchtlingen, die oft doch nur flüchtig hier Quartier nehmen konnten, zeugen keine Spuren. Auch der Versuch, ihnen durch ein unvollständiges Mosaik disparater Elemente in der Erinnerung Gestalt zu verleihen, bleibt hilflos. Anders, wenn auch nicht besser, steht es mit den Einheimischen. Keiner geht dort heute mehr zwielichtigen Geschäften nach, und abends stellt sich nicht mehr jene anrüchige Betriebsamkeit ein, die alle Stätten des zweifelhaften Amüsements tagsüber vermissen lassen. Auch nach Einbruch der Dunkelheit sind die Straßen trostlos menschenleer. Was früher als heimlicher Sperrbezirk galt, scheint nun mit einer unheimlichen Ausgangssperre belegt, wo einst schummriges Licht hinter den Fenstern zu schnöder Unterhaltung und Geselligkeit animierte, da stehlen sich die Menschen heu-

te infolge einer noch erinnerten oder schon antizipierten Verdunklungsordnung nach Hause, um ihren Alleinunterhalter anzuschalten.
Immerhin läßt sich ohne große Mühe die Geschichte des Scheunenviertels als der muffigen Schattenseite der Großstadt, als des Schrottplatzes der vorgeblich goldenen zwanziger Jahre andeuten; es fehlt nicht an Gestalten und Ereignissen in Büchern und Zeitschriften, mit Hilfe derer die tote Szenerie von der Einbildungskraft für einen kurzen Augenblick belebt werden könnte. Außerdem begegnet man bei der Suche nach Geheimnissen der Gegend, die heute keine birgt, ab und an jenen verhärteten Alten, die, den Häusern gleich, darauf vorbereitet zu sein scheinen, auch noch die nächste Katastrophe zu überstehen. Gesichter, die nichts erkennen lassen als gefrorene Dauer. Zum geschwätzigen Mitteilungsdrang der neuen Innerlichkeit bieten die hartgesottenen Rentner das exakte Gegenstück: sie reden sich nichts von der Seele; schon sie besitzen keine mehr. Was man zu Gehör bekommt: durchschnittliche deutsche Lebensläufe. Der ehemalige Wirt einer Kneipe, die ihren Namen erhalten hat nach dem weißen Elefanten der Likörfabrik Mampe und seit bald hundert Jahren im selben Eckhaus bis heute bewirtschaftet wird, erzählt, daß er am Schabbath nach gegenüber oft ein Fäßchen Bier geliefert habe. Gegenüber war das Stibel der Dombrower Chassidim, aber das zu wissen kann man von einem Wirt nicht verlangen. Er macht keinen Unterschied zwischen frommen Juden, die am Schabbes zu Hering und Nüssen sich ein Bier genehmigen und den Leuten, die bei ihm einkehren, Juden wie Nichtjuden; er kennt nur Kunden, sonst niemand. 1933 beginnt er, Unterscheidungen zu treffen und wird Parteimitglied. Als eines Tages bei ihm SA-Leute barsch das Bier mit der Bemerkung zurückweisen, aus den Gläsern hätten bestimmt schon Juden getrunken, entgegnet er, sie seien frisch gespült. Mit dieser Geschichte könnte er in Westdeutschland als entschädigungsberechtigter Widerstandskämpfer gelten.
Jedoch, das jüdische Element ist nur eines neben den sogenannten wirklichen Elementen. Die Betstube umgeben von Bierschänken, die dunklen Mäntel inmitten dunkler Erscheinungen, Juden in der Nachbarschaft von Luden, nebeneinander die Frommen und die Frechen, Schächter und Schufte, auf der selben Etage Heilige und Huren, Synagogenverein und Ringverein, mit einem Wort: hier präsentiert sich ein ganzes soziales Ensemble, zu einem trüben Amalgam vermengt, in welchem mit Vorliebe das Vorurteil zu fischen pflegt. Von der erzwungenen prekären Nähe ist nicht weit zur Identifikation von Rabbinern und Schlawinern. Andererseits, und das werden nur verbohrte Philosemiten leugnen, zwingt die Logik der beständigen Entrechtung, wie wir sie als charakteristisch für die Lage der oft staatenlosen Exilanten beschrieben haben, genügend Ostjuden zu Reaktionen, die dem Vorurteil neue Nahrung zuführen.
Vor allem ostjüdischen Charakter jedoch ist das Scheunenviertel, ähnlich der kriminellen Gegend um den Schlesischen Bahnhof, für die Zeitgenossen eine Enklave ihrer eigenen Karikaturen, das Binnenland der Ausgebürgerten. Es erinnert die gute Gesellschaft unangenehm an die eigenen, mühsam verborgenen Triebe, an jenen Naturzustand, von dem der frühe Philosoph der späten bürgerlichen Ordnung, Hobbes, gesagt hat, er sei nur durch eine Art Gewaltvertrag zu überwinden. Deshalb ist das Viertel in ihren Augen vor allen Dingen ein Beweis für die Notwendigkeit der Polizei. Ihr verdanken wir, daß wir eine pointillistische Vorstellung jener Zustände erhalten, in denen, wie Walter Benjamin geschrieben hat, die der Bürgerwelt homogene Welt des Ganoven zu einer Metamorphose sich anschickt, an deren Ende nicht der im Zuchthaus landende Zuhälter, sondern der in Zucht genommene Kleinbürger steht.
Hervorgetan hat sich dabei als Polizeidichter in einer Stadt, die seit jener Zeit durch die höchste Polizeidichte der Welt sich auszeichnet, jener bereits eingangs zitierte Ernst Engelbrecht, Kriminalkommissar und Leiter der Streif- und Fahndungsmannschaft des Berliner Polizeipräsidiums. Mit lockerer Feder und dosierter Empörung hat er ein längst verschwundenes Panoptikum skizziert, zu dem er selber gehörte. Wenn Adorno über

die Zeichnungen Zilles sagte, sie klopften dem Elend auf den Popo, so gilt für die jovialen Causerien von »Kinder der Nacht – Bilder aus dem Verbrecherleben« oder »Berliner Razzien«, daß sie dem Ganoven in die Seite knuffen. So großspurig und auf das sensationslüsterne Publikum schielend der Titel »Auf den Spuren des Verbrechertums« einen exotischen »Streifzug durch das großstädtische Verbrechertum und seine Schlupfwinkel« verspricht, so vertraut und fast liebenswürdig, mit erhobenem Zeigefinger, doch nicht belehrend, mit grellen Farben, doch nicht erschreckend, schildert er beinahe altväterlich die Schurken des Viertels und deren Treffpunkte, die Kaschemmen und Kellerkneipen. Engelbrechts kriminalistischen Feuilletons eignet etwas vom überholten Tonfall der Moritat, die deshalb auch nur augenzwinkernd vorgetragen wird. So eindringlich das Scheunenviertel als »gefährliche Brutstätte des Verbrechertums« ausgemalt wird durch die Warnung vor dessen berüchtigten Inkubationsherden, der »Münzglocke« in der Münzstraße, dem ebenfalls dort befindlichen Tageskino »Biograph-Theater«, dem nahegelegenen »Cafe Mexiko«, dem »Guten Happen« in der Schönhauser Straße (»das bekannteste und besuchteste Massenlokal der Berliner Verbrecherwelt«), so drastisch verworfen die Grenadier- oder Mulackstraße auf den ersten Blick erscheinen, familiär und versöhnlich wird es allemal, wenn der Kommissar von den lichtscheuen Gestalten im »Albert-Keller« der Weinmeisterstraße, irgendeiner Katakombenkaschemme in der Auguststraße oder im »Blauen Strumpf« in der Linienstraße wie ein alter Bekannter freundlich begrüßt wird. Engelbrecht, kein Edgar Wallace, dessen damals schon erfolgreiche Krimis das internationale Flair besaßen, das der Berliner Unterwelt fehlte, eher ein Kriminaler der alten Schule als ein detective der Neuen Welt, und schon gar nicht die Vorwegnahme seiner eigenen Nachfolger, denen Unterwelt, Kommunismus und Juden eins wurden, beschreibt wie ein müder Conferencier das schmuddelige Milieu von Strolchen und Spitzbuben: »Die Kaschemme der alten Ganoven. Sie ist in der Mulackstraße. Über der Tür eine Tafel mit der harmlosen Aufschrift »Bierquelle«. Drei Steinstufen führen in den bedrückend kleinen Raum, in dem nicht mehr als drei Tische, eine Bank und ein paar klapprige Holzstühle vorhanden sind. Hinten befindet sich das Büfett, ein kahler Ladentisch, und hinter ihm die Wirtin, die aus einer großen Flasche Brennspiritus in Gläser schenkt.«

Das war wirklich nicht der Ort, der als schillernde Kulisse einer legendären Gangsterkarriere dienen konnte. Auch hier nur der sehnsuchtsvolle Blick nach Amerika, dem Himmel der Unsterne. Nichts vom steilen zwielichtigen Weg nach oben, sondern krumme Touren in dunklen Hauseingängen, keine Seidentapeten und Chintzsessel, sondern schon damals abbröckelnder Putz und billiger Schnaps. Immer auf der Hut, Haken schlagend durch die finsteren Gassen, über Dachböden, durch Kellerwohnungen und Hinterstuben wird das kleine Licht der geschobenen Schieber im nächstbesten Hinterhof ausgeblasen, es sei denn, das Schicksal schleudert die abgerissenen Aufreißer aus dem jämmerlichen Kreislauf von Münz-, Weinmeister-, Joachim-, Linien- und Grenadierstraße hinaus vor einen Richtertisch in Moabit und dann nach Tegel oder Plötzensee. Selten daß einer aus dem anrüchigen Milieu sich hinaufhangelte an einer Glückssträhne ins Halbseidene des Berliner Westens. War von jeher der wahrhaft reiche Kriminelle der Bewunderung sicher, welche ihm die bürgerliche Umwelt, wenn auch widerwillig, zollte, für derlei einverständliche Komplimente bot das Scheunenviertel keinen Anlaß. Im Erfolg des großen Gauners sah der Wirtschaftsmagnat wie der Staatsmann insgeheim das System der wirklich freien Konkurrenz bestätigt; Einfallsreichtum, Initiative und Durchsetzungsvermögen des Gangsters erinnerten sie daran, mit welchen Waffen ihre Großväter angefangen hatten.

Nichts davon in den trüben Straßen hinter dem Alexanderplatz, die erst nach Einbruch der Dunkelheit und nachdem die fliegenden Händler ihren dürftigen Schnitt gemacht hatten, jenen Gestalten zur Bühne wie Zuflucht wurden, deren individuelle Chancen auf den großen Coup gleich Null waren.

Während in den Elendsvierteln von New York

oder Chikago die Rackets die gewinnträchtige Vielfalt proletarischer Zerstreuung von der illegalen Buchmacherei bis zur Prostitution zügig in Regie nahmen und sich allmählich zu Unternehmungen mauserten, deren Management dem eines Industriekonzerns in nichts nachsteht, wirkte das Milieu im Berliner Osten seltsam antiquiert. Schon die Namen seiner Protagonisten, die der schriftstellernde Kommissar des Berliner Polizeipräsidiums fast zu seinen intimen Freunden rechnet, klingen merkwürdig hausbacken und verraten vergleichsweise wenig Gefährlichkeit; ein »Popel-Adolf« wird höchstens einer geizigen Zimmerwirtin den Hals durchschneiden, und ein »Mücken-Paul« kassiert allenfalls ab in einer der zahllosen schäbigen Absteigen in der Dragonerstraße.

Am Big Knockover der rivalisierenden amerikanischen Gangs flatterte stets ein Bündel exotischer Namen, Trademarks käuflicher Killer, die den letzten Lebensabschnitt bürgerlicher Geschichte ganz wörtlich nach der polemischen Bemerkung von Marx gestalten wollten: Je ein Kapitalist schlägt viele tot; schließlich ging es um Lizenzen, Konzessionen, Prozente, Kurse, ganze Branchen und deren Absatzgebiete.

Die Eigentümer leutseliger Spitznamen hingegen besaßen meist nichts außer diesem und die für einen kleinen Bruch erforderlichen Werkzeuge und Fertigkeiten. Die manchmal unvermeidliche Leiche trug selten ein seidenes Hemd, in Hinterhöfen wurden kleine Päckchen mit Valuta verschoben, aber keine Aktienpakete, kein Troß von Leibwächtern und Anwälten war mit von der Partie. Alles in allem ein Terrain, das keinen Meyer Lanski hervorbrachte, weil die Verhältnisse seiner nicht bedurften, sondern vielleicht einen anonymen Moische Pufeles, keinen Lucky Luciano, sondern den weniger anonymen, aber ebenso fiktiven Franz Biberkopf. Gerade dessen animalischer Trott durch die Straßen, Kneipen und Wohnungen, den Döblin in »Berlin Alexanderplatz« zu einer Studie über den Sozialcharakter des Deklassierten montiert hat, zertrampelt das gemütliche Nebeneinander von Warenhaus und Trödel, von Amüsierkaserne und Kaschemme. In den Fugen und Ritzen dieser Ungleichzeitigkeit, die Walter Mehring im »Kaufmann von Berlin« als das Aneinandergrenzen von Altkleiderhandel und Propaganda kennzeichnet, nistet auf Abruf jenes Gemisch aus Überhangmenschen, Abgebauten, Unverwendeten, Ausgesteuerten und Abgestiegenen, mit einem Wort: der Mob, der schon im November 1923 mit dem Feldgeschrei »Deklassierte aller Klassen vereinigt euch!« marodierend durch das Ghetto gezogen war.

Tagsüber an den Spieltischen vor dem Zentralen Arbeitsnachweis in der Gormannstraße versammelt er sich allabendlich an den Schanktischen des Viertels, verstärkt durch eine aus allen Stadtteilen in die Kneipen, Keller und Kaschemmen hineindrängelnde bunt zusammengewürfelte Gesellschaft, lauter kleine Existenzen, die zu allem bereit auf ihre große Stunde warten, abrufbereite Fürsorgeempfänger, die nichts sehnlicher wünschen, als Befehlsempfänger zu werden. Der Mob, schreibt Hannah Arendt, die ihm entkommen konnte, sei eine längst bekannte Erscheinung; es habe ihn schon immer gegeben, damit die Geschichte jenes Quantum Brutalität und die gesellschaftlichen Kämpfe jenes Gran Entmenschtheit enthielten, welche die Vernunft nie vergessen ließen, daß es sich um Vorgeschichte handelt. Neu sei hingegen die Organisierung der Deklassierten, jene Verschränkung von Politik und Verbrechen, die sich in der Unterwelt an der Figur des Gangsterbosses und seiner blind gehorchenden Gefolgschaft vorgebildet fände.

Im Scheunenviertel aber gibt es weder Al Capone noch die Camorra, weder den capo di tutti i capi noch die Familie. Eher geht es familiär zu, dumpf gesellig und nach der Satzung eines Vereins. Die sogenannten Spar- und Ringvereine, die deutsche Organisationsform der Unterwelt, zünftige Gebilde in einer unzünftigen Zeit, sie verleihen dem amorphen Zulauf der Hergelaufenen in Zuhälter- und Schränkervereinigungen mit altfränkischen Namen wie »Felsenfest«, »Immertreu«, »Deutsche Eiche« und »Treff As« eine erste, wenn auch fast noch behäbige Form.

Im Berliner Osten reicht sie aus, dem Spießer jenes Frösteln zu verabfolgen, ohne welches die Sünde Ausschweifung und nicht beklemmende Anstrengung wäre: neben den notorischen Etablissements für schlüpfrige Unterhaltung, Hinterstuben mit Witwenbällen und Nackttänzen, pornographischen Kabaretts und Damenkneipen kommandieren die Ringvereine Tausende von Geheimprostituierten. Seit der Inflation werden die aufs Pflaster Geworfenen, die sich nur am Tresen wieder aufrichten können, zusehends zum Objekt der Politik. Ein Jahrzehnt später hat sich herausgestellt, daß der Mob, nun unter Kuratel gestellt, nicht der aufmüpfige Abklatsch einer zusammenbrechenden Gesellschaftsordnung gewesen ist, sondern im Gegenteil das Schmiermittel ihrer Stabilisierung; auf jenen spekulierten die Kommunisten zuweilen, mit letzterem rechneten die Nationalsozialisten immer.

Die rebellische Hörigkeit der Zukurzgekommenen fand in den mit militärischer Disziplin organisierten Rollkommandos ihren vollendeten Ausdruck: dem Betrachter von Photographien, welche Straßenschlachten, Kneipenprügeleien und Veranstaltungsstörungen zeigen, fällt es reichlich schwer zu unterscheiden, wer auf wen eindrischt. Zu einer merkwürdigen Kenntlichkeit haben die kaum unterschiedenen Uniformen sich vermengt. Der Grund dieser Täuschung, die keine ist, liegt in der unterschiedslosen Vergötzung des Volkes, der ersten Stufe, gemeinsame Sache mit dem Mob zu machen. Deshalb war es, aus der Perspektive der Gosse betrachtet, oft reiner Zufall, in welcher Uniform einer zwar nicht sein Recht, sondern nach Selbstdarstellung verlangte. Aus dem Kehricht einer zersetzten Ordnung geformt und vom Odem des nächstliegenden Parteilokals angehaucht, erwachte der Wechselwähler unruhiger Zeiten, der Wanderer in einer Welt zwischen zwei Kaschemmen, der kollektive Tyrann. Auch das Scheunenviertel, immer Hinterhof und politisches Hinterland zugleich, blieb in diesem Prozeß, worin die Politik für eine geraume Zeit gemeinsame Sache mit dem Mob machte, weil sie ihn für das Volk hielt, auf seiner eigenen und damit auf der Höhe der Zeit. Nach der Novemberrevolution Schauplatz der erbitterten Rückzugsgefechte der Revolution, tauchte in den Vorgeplänkeln der Naziherrschaft aus Asylen und Bouillonkellern jenes gemischte Gelichter mit den bekannten Gefühlen auf, das nun, straff organisiert, so lange Angst und Schrecken verbreiten durfte, bis Mord und Totschlag zum Regierungsprogramm erhoben und dessen Durchführung in die Hände unbestechlicher, emsiger und charakterfester Beamter und Angestellter gelegt werden konnte.

Am Abend des 14. Januar 1930 wird die Gastwirtschaft »Bär« in der Dragonerstraße 48 zum Tribunal über einen Abwesenden, und wenig später serviert das Puffmilieu einen großen Märtyrer. In jener Kneipe, Treff der sogenannten Sturmabteilung-Mitte der KPD – die terminologische Anpassung an den Gegner erfolgte nach dem Verbot des Rotfrontkämpferbundes –, beschließt eine Handvoll Männer, die Billardpartie abzubrechen, kurzen Prozeß zu machen und jemandem, wie sie später vor Gericht aussagen, eine »proletarische Abreibung« zu verpassen. Die Zeitumstände und die beteiligten Personen – nebenbei Mitglieder des Ringvereins »Immertreu« – berücksichtigt, handelte es sich bei diesem pädagogischen Kampfbegriff um vorsätzlichen Totschlag. Die Runde hört sich die entrüsteten Klagen einer aufgeregten Zimmerwirtin an, die ihren Untermieter loswerden möchte und genau weiß, warum sie gerade hier ihr Herz ausschüttet: es geht um den abgebrochenen Jurastudenten Horst Wessel, den Anführer eines Nazi-Schlägertrupps, und dessen Braut, eine ehemalige Prostituierte aus der Münzstraße.

Wenige Stunden zuvor war einige Ecken weiter, in der Joachimstraße, ein Kommunist erschossen worden. Und auch deshalb machen die Männer sich umstandslos und eingedenk des Parteileitsatzes »Schlagt die Faschisten, wo ihr sie trefft« auf den Weg in die Große Hamburger Straße. Sie treffen Horst Wessel dort.

Der unter anderen Umständen belanglose Abtritt eines pausenlos marschierenden Vorstadtstrizzis gerät aber in diesem Fall zum wirkungsvollen Auftritt eines hinkenden Gauleiters. Goebbels gewinnt die propagandistische Schlacht mit der Roten Fahne um den Nachweis, wer von beiden, Täter oder Opfer, der abgefeimtere Kerl gewesen sei, spielend, nachdem die Kommunisten ihr angeklagtes Mitglied als »Zuhälter und Polizeispitzel« zum Fraß hingeworfen haben. Hingegen, wie in einer vorweggenommenen Farce auf den Stalinismus, beteuert der des Mordes angeklagte Albrecht Höhler, im Milieu Ali genannt, seine Treue zur Kommunistischen Partei. Es nützt ihm wenig, er ist wegen Diebstahl, Zuhälterei und Meineid kräftig vorbestraft und kommt aus der Mulackstraße. Das Elend kennt keine Klassen, aber immer noch jemanden unter sich. Und die Mulackstraße ist im Scheunenviertel das Unterste – bis man die Juden dazu macht.

Für den großen unverzeihlichen Fehler, die falsche Stammkneipe gewählt zu haben, und für den kleinen, aber gewichtigeren Umstand, daß ein Verbrecher die eigene Ehre findet, indem er vor Gericht die verlorene Ehre der Kommunisten zu retten sucht, für diese Anmaßung, einen Augenblick er selbst zu sein, erschlägt die SA Ali Höhler bei einem Gefangenentransport im Frühjahr 1933 auf bestialische Weise. Zu dieser Zeit sind Horst Wessel und sein SA-Marschlied schon zum unverzichtbaren Bestandteil des nazistischen Öffentlichkeitsrituals avanciert.

Hatte die nationalsozialistische Propaganda, nach dem Grundsatz je lauter desto wahrer, schon immer behauptet, daß die ermordeten Spartakisten Führer der Unterwelt gewesen seien, dann schien es bloß logisch, daß eine wirklich anrüchige Existenz zum Nationalheros aufsteigen konnte. Nur momentane Undurchführbarkeit hielt wohl die Nazis davon ab, gleich alle Straßen, Gebäude und Plätze in Horst-Wessel-Gedenkstätten zu verwandeln; aber am Bülowplatz, wo Demonstranten fast noch den Leichenwagen gekippt hätten, demonstrierten sie perfektionswütig, wie sie sich Deutschland als Sperrbezirk vorstellten, in welchem eine ganze Nation auf den Strich ging: Horst-Wessel-Platz (Bülowplatz), Horst-Wessel-Haus (KPD Zentrale Karl-Liebknecht-Haus), Horst-Wessel-Straße (Weidinger Straße), Horst-Wessel-Theater (Volksbühne).

Und damit ihre Kinder einst wissen sollten, die Eltern hätten von nichts gewußt, gaben ungefähr eine halbe Million ihren Söhnen den Namen Horst.

VII.

»Dann habt ihr ein
Grab in den Wolken da
liegt man nicht eng.«

Paul Celan, Todesfuge

In den angezündeten Synagogen verbrannte auch die bis zum Äußersten gehegte Illusion vieler deutscher Juden, daß es nicht gegen sie, sondern gegen die anderen aus dem Osten ginge. Jedoch, der Feuerschein erhellte eine Szene, aus der die anderen schon fast alle verschwunden waren. Die brennenden Bethäuser waren die grelle Manifestation des Antisemitismus, daß er sich bei der Vertreibung der Ostjuden keiner Ausschreitung schuldig gemacht habe, sondern daß es aufs Ganze ginge, unterschiedslos. Im Augenblick, als es nur noch zufällig verschonte polnische Juden in Deutschland gab, wurden alle deutschen zu polnischen Juden.

Wieviele unter den Tausenden aus dem Scheunenviertel waren, die 1938 vor der großen Pogromnacht an die polnische Grenze deportiert oder über diese hinweggejagt wurden, weiß man nicht. Wenige Jahre später wurden die Vertriebenen wieder bürokratisch eingesammelt und umgebracht.

Flüchtlinge hinterlassen kaum Spuren, aber ein untrügliches Zeichen doch dort, wo die Flucht ein Ende haben muß und sie zur ersten Ruhe gelangen: auf dem Friedhof.

Wer heute über die jüdischen Friedhöfe in Weißensee wandert, der wird einer Gewißheit inne, die ihm beim Gang durch das Scheunenviertel nie zuteil wird. Denn im Verfall der jüdischen Gräber und der sie, weil niemand mehr da ist zur Pflege, wild umwuchernden Natur, erscheint noch der Verlust wenigstens des eigenen Todes, den jene nicht mehr hatten, die in den Vernichtungslagern ermordet worden sind.

Sie zu vergessen, die keinen Grabstein haben, ist nach Auschwitz die eigentliche Friedhofsschändung.

Auf dem jüdischen
Friedhof Weißensee

Gustav Landauer

Ostjuden und deutsches Reich.
Zu Juden gesagt.

Solchen deutschen Politikern, deren erste Regung in dem Augenblick, wo ihnen das jüdische Problem entgegentritt, nichts andres ist als auf »Maßnahmen« zu sinnen, sollte, meine ich, der Jude weiter nichts zu sagen haben; sowie tiefere, allgemein menschliche Erwägungen herauf wollen, verschließt uns der Stolz den Mund. Humanität und Menschlichkeit sind entwertete Worte, weil sie Bettelworte sind; Worte, die, wo kein Recht mehr ist, Gnade anrufen. Darum eben war es etwas so Gewaltiges, daß die Revolution die Menschen-Rechte ausrief, als unveräußerliche Rechte, die jeder von Geburts wegen besitzt, weil er Menschenantlitz trägt; diese Revolution ist aber bisher noch nicht fertig geworden und selbst solche Verträge zwischen den Völkern Europas, die bloß ein bißchen Menschlichkeit auf die Stufe des Rechtsanspruchs heben wollten, sind in unsern Tagen wieder zerrissen worden. So möge man verstehen, daß ich, was jetzt noch folgt, nur zu Juden gesagt haben will.

Unter uns gesagt, es ist nicht bloß wahrscheinlich, sondern offensichtlich, daß die deutschen Bevölkerungspolitiker Fritz, Heinze und Delbrück, die jetzt die Juden wie ein Karthagergespenst vor dem Osttor stehen sehen, dieses wimmelnde wehrlose Heer keineswegs bloß wegen seiner Kläglichkeit in der Gegenwart, sondern wegen der Möglichkeiten fürchten, die in diesen Menschen schlummern.

Von den Möglichkeiten fürs Künftige aber lasset uns zusammen noch ein Wort reden! Sie dünken mich wichtiger als die arge, arme Gegenwart dieser Unglücksmenschen; wichtiger auch als die wichtigen Pläne zu Kolonisation und Autonomie, weil das Verborgene wichtiger ist als das Oberflächliche und die Erneuerung wichtiger als alle Reformen, die vorausgehend oder folgend in ihrem Dienste stehen.

Wichtiger ist diese Möglichkeit als das, was gemeinhin Wirklichkeit heißt, weil wirklicher: was noch nicht da, noch nicht nach außen herausgekommen ist, aber nach Anlage und Bereitschaft innen wartet und sich dem Wachstum entgegenspannt, ist eine leibhaftere Wirklichkeit, als das gespensterhaft unsinnige Treiben und Getriebensein dieser armen Menschlein, die so in Lage und Verhältnisse hineingebannt sind, daß sie all in ihrer Groteske mehr Marionetten der Umstände als Schmiede ihres Schicksals heißen dürfen.

Mehr oder auch weniger Wohlmeinende, deutsche Juden, die jetzt im Krieg allererst mit Juden aus östlichen Gemeinden in umständlichere Berührung gekommen sind, sprechen mit Entsetzen und Grauen von der Gesunkenheit und dem Schmutz, den sie antrafen. Und nicht wenige gibt es, die laut oder leise sagen, nichts Schlimmeres könne den zivilisierten Juden Westeuropas geschehen, als die Überflutung der Gebiete, in denen sie selbst eine so ansehnliche Stellung einnehmen, mit diesen Stammesgenossen, deren sie sich schämen. Und selbst wenn diese jüdisch-feldgrauen Besucher Galiziens, Polens, Litauens keinen Zweifel an der Hebungsmöglichkeit dieser Tiefstehenden hegen, wenn sie sich vorstellen, daß Myriaden neuer Anwärter für die Laufbahnen auf den Gebieten des Handels, des Bankfachs und der Börse, der Rechtsanwalt-, Arzt- und Zahnarztpraxis in den nächsten Jahrzehnten etwa in Österreich und Deutschland sich einnisten könnten, wird ihnen recht bange vor diesem embarras de richesse in mehrerlei Hinsicht: ihre eigene Assimilation ist noch keineswegs so befestigt, daß ein neues Anschießen willkommen sein könnte, und sie fürchten, gerade wenn sie in ihrer Art weitblickend und staatsmännisch sind, nicht eigentlich die Konkurrenz, sondern den verstärkten Ausbruch von Feindseligkeiten gegen neue und alte jüdische Bourgeoisie.

Nicht aber von diesen Möglichkeiten sei hier gesprochen. Eine Entwicklung in dieser Richtung, die freilich, nicht zu leugnen ist's, auch durchaus möglich ist, würde ich, gerade heraus sei's gesagt, als ein noch weiter gehendes Herunterkommen betrachten. Der Jude, der im Ghetto einen kleinen und schmierigen Handel treibt, ist genau derselbe Typus wie

Wilna galt als das »Jerusalem des Ostens« und war das Zentrum der jüdischen Arbeiterbewegung.
Die Aufnahme zeigt den Arbeitsnachweis vor dem Stadttheater in Wilna.

der, der auf breiterer Stufe und mit dem erforderlichen Bildungsstoff versorgt von nichts als dem Händlergeist besessen ist. Der Jude aber, der seinen gemeinen Alltag immer wieder abbricht, um sich, wenn auch in mechanisch gewordenen und verderbten Formen, alle paar Stunden dem Höchsten zuzuwenden, der in sein Geschäftsjahr die Bräuche des Ritus und den hohen Festtagen die tiefe Beugung vor dem Ewigen hineinbringt, steht gerade dadurch auf höherer Stufe als sein mit Bildungsfirniß überstrichener Bruder in der westlichen Großstadt, der statt Religiosität in irgend einer Form nur noch – mehr für die weiblichen Familienmitglieder als für sich – Romanlektüre, Theatermode und Kunstgeschwätz hat. Ihnen tut gerade so Erneuerung not als ihren östlichen Brüdern; ihre aber ist schwerer! Der Ostjude dieses Schlages ist wie er ist, und ist schlimm genug; um den entsprechenden Westjuden aber steht's schlimmer, weil er Ehrfurcht nicht einmal in der niedrigsten Gestalt, dafür aber Schein, Getue und Bildungsheuchelei hat.
Zu verzweifeln ist jedoch nicht, sondern Großes, Schönes und Reines zu hoffen. Mit den emanzipierten Juden ist gemacht worden, was jener Romanheld mit dem schönen Zigeunermädchen tat, das er auf der Straße auflas: er schaffte es in ein Pensionat, ließ dem Kind schnell den Bildungsstoff höherer Töchterschulen einpumpen und war späterhin sehr betrübt, als sie sich seiner Wohltaten unwürdig zeigte und sich recht gemein benahm. Er hätte es anders anfangen müssen. Habt ihr schon einmal Zigeuner gesehen? Ich rede gar nicht von dem edleren Teil dieses Volks in den ungarischen Steppen; ich meine unsre unausrottbaren Wanderzigeuner, die von einer Dorfbehörde der andern, von einem Kreis dem andern zugeschoben werden. Ich sehe sie gern an und kann mich von dem Anblick schwer losreißen. Bin ich wie Eulenspiegel, der im Aufwärts das Abwärts, im Abwärts das Aufwärts empfindet, wenn da immer wieder das Gefühl, das sichere, in mir wach wird und ruft: Welch eine Hoffnung, welch ein Trost für die ganze Menschheit! Mag doch, was an Beziehungen der Gemeinheit zwischen ihnen, zwischen ihnen und uns hin und hergeht, sein, wie es will und muß; aber dieses Physiognomische, dieses Unaustilgbare, was an Schönheit der Leiber, der Haltung, der Augen, des Ausdrucks hinter dem Zufallsausdruck, den das Einzelschicksal gemacht hat, in fester Prägung uralt lebendigen Erbtums leibhaft da ist: die Möglichkeit! Oder man gehe weiter und stelle sich einmal einen Gewohnheitsverbrecher des ganz und gar abstoßenden Typus vor, und nun denke man an diesen selben Menschen, wie er als kleines Kind rosig da lag und mit seinen Zehen spielte und zum ersten Mal lächelte. Vergegenwärtige man sich alles Scheußliche und Entmenschte, was es unter zivilisierten Völkern gibt und denke daran: kein Mensch unter all diesen Ausgestoßenen und Enterbten, der nicht einmal in der Wiege oder auf Stroh oder auf Lumpen zum ersten Mal gelächelt hätte!
Noch weiter: man gewahre nach elend und niederträchtig vollbrachtem Tagewerk diese selben Menschen, die einst mit reinem, holden Lächeln zum Leben erwachen wollten, auf ihrem letzten Lager: wie jedes Kind ohne irgend eine Ausnahme von der sanften Innigkeit der menschlichen Seele einmal erstrahlt, so ruht auf dem Antlitz eines jeglichen Toten die Erhabenheit und der Stolz des im langen Leben der Menschheit herangezüchteten Geistes, der starr und streng von seinen Begegnungen mit dem Schicksal berichtet.
Sehr alt ist die Menschheit; sehr viel hinter sich gebracht und in sich gebracht haben all ihre Völker; und wahre Wirklichkeit in der Anlage der Menschen insgesamt ist die Seele und Geisteshoheit, die in ihren Zügen und ihrer Haltung Erbe geworden ist. Das ist die unsäglich tiefe, reiche, frohe Trosteshoffnung und gewisse Verheißung für alle die, die sich wahrhafte Bildung, Umbildung, Entwicklung, Erweckung des geheimnisreich Seienden zur Aufgabe gesetzt haben. Nichts liegt an den paar Jahrhunderten oder Jahrtausenden der Entwürdigung und Verkommenheit oder des Bildungsscheins und polierten und polizierten Schliffs; das ist alles obendrauf geblasene allerdünnste Haut aus Schmutz oder Schmelz und muß für jede Generation neu als Milieu wiederholt werden, um als Schein eines

Die deutsche Armee trat als Befreier der Juden in Polen auf, um sie doch nur zur Zwangsarbeit zu rekrutieren. Das Photo zeigt deutsche Soldaten, die in einem jüdischen Haus Quartier nehmen.

Das Photo zeigt den Abfertigungsraum für jüdische Auswanderer in den Hallen der Hamburg-Amerika-Linie im Jahr 1909.

Erbtums zu wirken. Wahr ist zwar, daß die allermeisten Menschen, wenn sie nur ihr erstes Lebensjahr in dieser überlieferten Umgebung verbringen, ihr fast rettungslos verfallen sind; wahrer aber ist, daß das echte Erbe tiefer sitzt und noch gar nicht angefressen ist, und daß es noch für nichts zu spät ist. Eine ungeheure Aufgabe also wartet unser an unserm Volke! Ich hoffe doch, meine Leser haben, während ich aufforderte, Zigeuner und Zuchthausbrüder vor Augen zu sehen, zwischendurch immer schon die von Würde und Ehrwürde umflossenen Gestalten östlicher Juden und die Seelenanmut ihrer Kinder auftauchen sehen. Ich wiederhole gern: Würde, Ehrwürde und Anmut; so scharf ich weiß, womit sie sich abgeben, wie sie sich benehmen, womit sie sich genügen lassen, so klar schaue ich in der leiblichen Erscheinung ihrer Seelen die Möglichkeiten, zu deren Erwekkung und Erziehung wir berufen sind. Wir empfinden sie in all ihrer Verkleidung von Natur wegen als unsre besonderen Brüder, wenn wir nicht allerschlimmst Verkleidete selber geworden sind. Wir empfinden in ihnen wie in uns, trotz allen Hüllen und Masken der Zivilisationsverderbnis verschiedener Stufen, die Verwandtschaft mit dem Geiste des Pathos und der Prophetie, und wissen, daß die Schlauheit der Östlichen wie die witzige Intellektualität der Westlichen nur herabgekommene Geistigkeit ist. Was Martin Luther 1523 von den Juden, nicht von den alten Hebräern, sondern von den getretenen Juden seiner Zeit und Umgebung mahnend gesagt hat: »Wir (Christen) sind nur Schwäger und Fremdlinge, sie (die Juden) sind *Blutsfreunde und Brüder unseres Herrn*«, – das wollen wir für unser eigenes Tun und Planen an uns und unsern Brüdern im Sinne tragen, während wir den Beratungen deutscher Politiker zuhören, was für Maßnahmen gegen jene, in Wahrheit gegen uns alle, getroffen werden sollen. Denn das sei zum Schlusse noch gesagt: bilden wir uns ja nicht ein, daß, wenn wir im rechten Geiste unsre Einheit mit dem gesamten Judentum zur Tat werden lassen, wir Westlichen es seien, die da hülfen, und jene Östlichen, denen geholfen würde. In aller hoffnungsvollen Demut vielmehr wollen wir erkennen, daß Rettung, Aufschwung und Erneuerung der gesamten Judenschaft grimmig not tut, und daß wir dem Schicksal innig zu Dank verpflichtet sind, wenn es uns die Gnade gewährt, daß die Not der Ostjuden in all ihrer Gräßlichkeit unsre eigene wird. Nichts Besseres könnte uns zuteil werden, als daß wir uns in dieser europäischen Menschheit, wie sie jetzt ist, als ganz Fremde, Verlassene und Verstoßene fühlten. Und am Ende wäre es auch gut für diese europäische Menschheit, deren ererbte Hoffnungsfülle und deren Gesunkenheit eine andere, aber nicht minder große ist wie unsre, wenn wir es in ihr, wie sie jetzt ist, nicht mehr aushielten. Es wäre nicht das erste Mal in der Geschichte der Menschheit, daß Ausgesetzte und Flüchtlinge zu Pionieren, daß Davonläufer zu Vorläufern geworden sind.

Martin Beradt

Ephraims Ankunft in Berlin NO 54

In jedem Fall erkannten Ephraims Eltern ihre Aufgabe, den Sohn zu einem großen Mann zu machen. Die Voraussetzungen für seine Laufbahn, natürlich als Kaufmann, waren erst zu schaffen. Sie waren in Piaseczno nicht vorhanden, aber vielleicht in Warschau, vielleicht in Lodz.

Sie entschieden sich nicht für die eine, nicht für die andere Stadt, sie entschieden sich überhaupt nicht für den Osten, ihre Entscheidung fiel für Berlin; Deutschland stand in ihren Augen hoch, vor allem stand Polen in ihren Augen sehr viel tiefer. In Deutschland konnten Juden um das Jahr 1927 in jedes Amt gelangen, konnten vor allem als Kaufleute sich frei entfalten. In Polen wurden einige Juden höhere Beamte, Lokomotivführer aber, Schaffner und Briefträger durften sie nicht werden; sie drängten in diese unteren Stellen, aber man ließ sie nicht hinein. Man sah lieber zwei bis drei Millionen Juden ersticken in unsäglich bescheidenen Handwerken, in einem Handel, der eine Karikatur seiner selbst war. Sechs Juden rissen einem Verkäufer die alte Hose aus der Hand; hinterher machte sie den Weg durch alle sechs Läden – ach, das waren keine Läden, es waren Verschläge und Regale.

Auch anderen ging es in Polen schlecht, die Bauern bekamen ruinöse Preise, so mancher Gutsbesitzer war bloß ein armer Teufel, aber die jüdische Not war doch die größte. Es gab wohlhabende Juden, gewiß, aber was wollte das besagen? Man brauchte nur in Warschau über eine Seitenstraße des Nalewki zu gehen oder der Franziskanka, über den Nowo Woluwkie, in Wilna durch die Rameiles-, durch die Jatkewergasse, so wurde die Lage einem klar – man durchwanderte einen Pferch, ein Gewühl des Irrsinns: Straßen, Höfe, Häuser wimmelten von Juden, barsten von Juden, platzten von Juden, alles Ärmste der Armen, ein verelendetes Geschlecht, in Gefahr, am nächsten Tage zu verkommen; ein Schritt und man trat ein Kind nieder oder einen Vater, der beschäftigungslos umherstand, die Hand im langen Bart, die Gedanken bei Gott oder bei einem Geschäft mit entfernt winkendem Verdienst von zwei, im besten Falle vier Groschen. Nein, Frajims Eltern hätten sich schon deshalb für Berlin entscheiden dürfen, weil es in Deutschland lag. Zwar hatte in Deutschland schon damals eine Partei gegen die Juden Drohungen ausgestoßen, aber nie, so glaubten selbst die deutschen Juden, würde sie die Übermacht gewinnen, viel weniger je ihre Drohungen wahrmachen.

Frajims Eltern entschieden sich für Berlin noch aus einem zweiten Grund. In Piaseczno erzählte man sich sagenhafte Dinge von New York, man sprach geradezu von einem Paradies des Reichtums, und Berlin lag auf halbem Weg dorthin.

Wirklich traf Frajim Feingold zu Beginn des Herbstes 1927, an einem wenig schönen Tag, in der deutschen Hauptstadt ein. Er kam unmittelbar aus einer Judengasse von Piaseczno und wußte genau, in welche Gasse er hier zu gehen hatte; es gab nur eine. In Amsterdam gibt es ein Viertel für Ostjuden, in New York füllen sie ganze Stadtteile, in London lange Straßenzüge. Hier, in einer Stadt von vier Millionen Einwohnern, einer der größten und bedeutendsten der Welt, waren so ausgeprägt nur wenige Gassen; die wichtigste betrat er. Dreitausend Menschen hatte sie bisher beherbergt, jetzt sollte es einer mehr sein.

Der Kaftan

Viele Juden, die noch nicht lange den Kaftan abgelegt hatten, trugen ihn als eine Art von Buße. Es beschwichtigte ihr Gewissen nicht, zu sagen: man kann nicht mehr im Kaftan gehen, im langen Kleid, die Zeiten haben sich geändert, wie will man sonst Geschäfte machen, in Berlin, der fortgeschrittensten Stadt der Welt? Denn kaum haben sie das gesagt, so tauchen vor ihnen die Gestalten ihrer Väter auf, ihrer Großväter, alle gekleidet in den Kaftan und alle sprechen: Israel, du bist wohl ein so großer Mann geworden, daß du nicht mehr gehen kannst wie deine Väter gingen? So tragen die Juden hier den Gehrock. Ein Gehrock ist nicht dasselbe wie ein Kaftan, aber fast dasselbe, wenigstens der dunkle, doch sind auch hechtgraue zu sehen, tabakbraune, hellblaue. Israel, seiner Väter eingedenk, trägt einen schwarzen Gehrock. Sein Gehrock schlägt Falten auf dem Rücken, ist abgeschabt und nicht selten schmutzig. Schmutzig sollte er nicht sein, aber im übrigen trifft er das Richtige. In manchen Stadtteilen mag man gut angezogen sein müssen; in der Gasse nicht.

Alexander Granach

Wie in Lemberg

Eines Tages rief der Mann im Arbeitsnachweis eine Hilfe in einer jüdischen Bäckerei in der Grenadierstraße aus, wo Bedingung war, daß man Barches flechten konnte. Er rief sehr viele Nummern aus, die diese Kunst nicht verstanden. Dann wurde meine Nummer ausgerufen, und ich nahm die Arbeit an. Man erklärte mir, wie ich in das Scheunenviertel käme, und plötzlich war ich mitten in Berlin in einer Gegend wie Lemberg. Lothringer Straße, Schönhauser Tor stieg ich aus. Grenadier-, Dragoner-, Mulackstraße, Ritterstraße, Schendelgasse – da gab es noch keinen Bülowplatz, keine Volksbühne. Kleine, enge, finstere Gäßchen mit Obst- und Gemüseständen an den Ecken. Frauen mit bemalten Gesichtern, mit großen Schüsseln in den Händen strichen herum, wie in der Zosina-Wolja-Gasse in Stanislau oder in der Spitalna in Lemberg. Viele Läden, Restaurants, Eier-, Butter-, Milchgeschäfte, Bäckereien mit der Aufschrift »Koscher«. Juden gingen umher, gekleidet wie in Galizien, Rumänien und Rußland. Die keine Geschäfte hatten, handelten mit Bildern und Möbeln auf Abzahlung. Man ging hausieren mit Tischtüchern, Handtüchern, Hosenträgern, Schnürsenkeln, Kragenknöpfen, Strümpfen und Damenwäsche. Andere wieder gingen von Haus zu Haus, alte Kleider kaufen, die dann Großhändler aufkauften und an die alte Heimat lieferten. Die meisten aber in dieser Gegend waren Arbeiter und Arbeiterinnen, die in den Zigarettenfabriken Manoli, Carbaty oder Muratti beschäftigt waren. Da war auch ein reges gesellschaftliches Leben. Die Frommen hatten verschiedene Gebetshäuser, nach ihren Sekten, nach ihren Rabbis benannt. Da gab es Zionisten aller Schattierungen, da gab es Sozialrevolutionäre, Sozialisten, den »Bund« und Anarchisten. Es gab auch Theater und Sänger. Im Königscafé in der Münzstraße trat der Komiker Kanapoff auf. Und das Restaurant Löwenthal in der Grenadierstraße, nahe der Münzstraße, hatte eine Bühne und spielte Theater. Da traten kleine Schauspieler und Statisten auf von den guten Theatern in Rußland, Rumänien, Galizien und priesen sich mit Riesenlettern und Klischees auf den Plakaten als berühmte internationale Stars an. Mein Freund und ich mieteten uns eine Schlafstelle in der Lothringer Straße am Schönhauser Tor, wo wir acht Schlafburschen in einem Zimmer schliefen. Ich bekam Arbeit bei Scholem Grünbaum in der Grenadierstraße und fühlte mich bald zu Hause in diesem Berlin.

»... da gab es noch keinen Bülowplatz, keine Volksbühne.«
Abriß im Scheunenviertel 1906. Auf der freien Fläche wurde die Volksbühne errichtet.

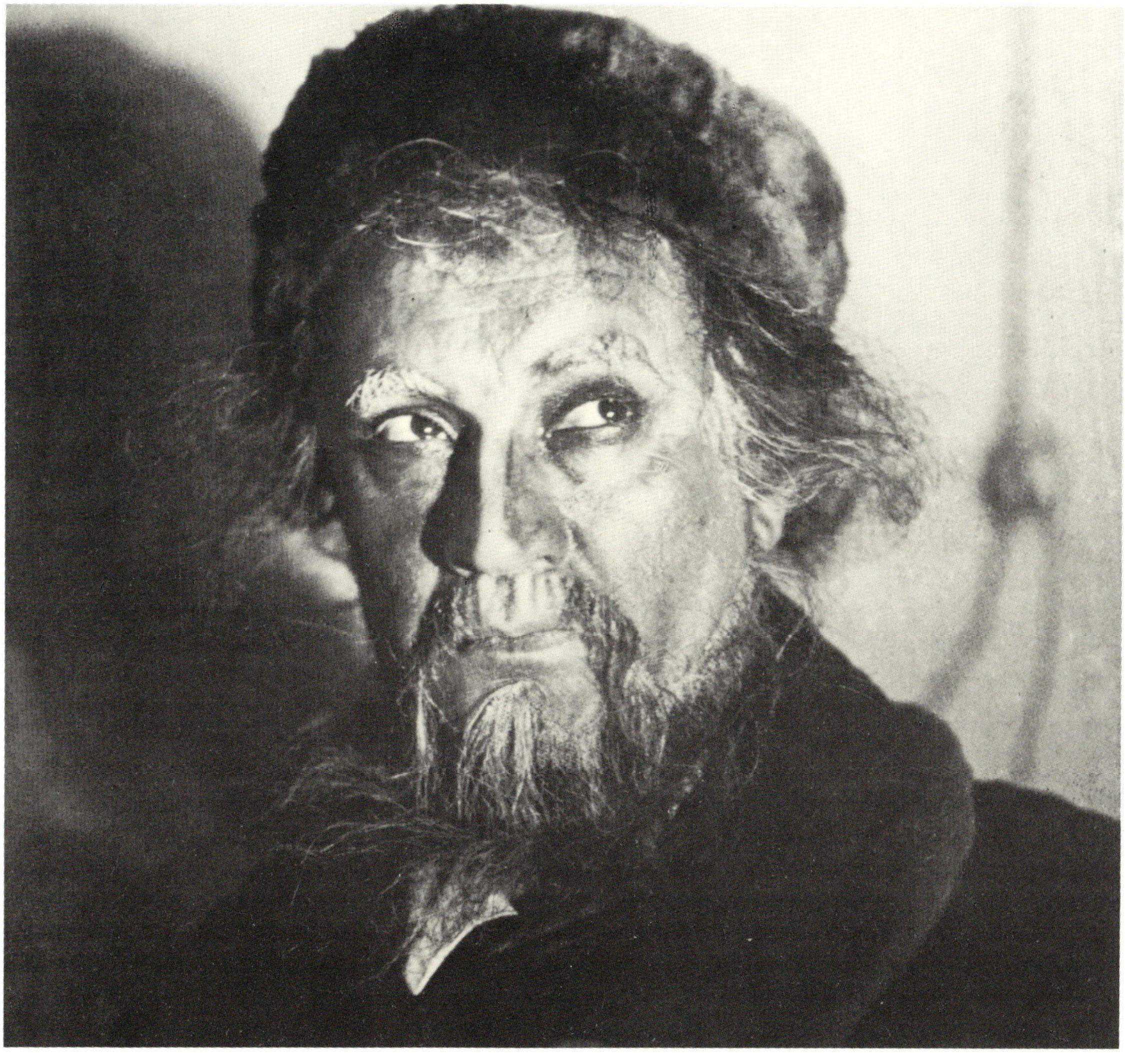

Alexander Granach als Shylock in Shakespeare's »Kaufmann von Venedig«. Kiew 1936

»Granach suchte das Ghetto oft auf. Nicht nur, um sich dort für seinen Shylock inspirieren zu lassen – er galt als einer der besten Shylock-Darsteller. Offensichtlich fühlte er sich heimisch im Ghetto. Vor noch nicht allzulanger Zeit hatte er dort als Bäcker gearbeitet und sich auf seinen Schauspielerberuf vorbereitet. Manchmal probierte er aus, ob er sein Bäckerhandwerk noch beherrschte. Er stieg dann in den Bäckerkeller seines früheren Chefs, der ihn menschlich behandelt hatte. Seine erste ausbeuterische Chefin schnitt er, oder er betrat eigens ihren Bäckerladen, um ihr einige Grobheiten zu sagen. Das bereitete ihm Vergnügen.
Granach stammte ebenfalls aus Galizien. Als neuntes Kind armer Leute mußte er schon mit zehn Jahren mithelfen, den Unterhalt zu verdienen. Sein Vater zog mit der großen Familie auf der Suche nach dem täglichen Brot von Kleinstadt zu Kleinstadt. Der pfiffige, aufgeweckte Junge aber strebte in die weite Welt. Über viele Stationen gelangte er nach Berlin. Hier packte ihn die Theaterleidenschaft. Er war ein urwüchsiges Talent, vital, springlebendig, ein Komödiant, ein Besessener. Zweimal ließ er sich seine krummen Beine brechen, zweimal nahm er äußerst komplizierte Operationen auf sich, deren Ausgang mehr als ungewiß war, nur, um auf der Bühne stehen und bestehen zu können. Und sollte die Operation nicht gelingen, hatte er vor, sich eine Kugel in den Kopf zu jagen. Zum Glück gelang sie.«

Mischket Liebermann

Gustav Landauer

Über das Jüdische Volksheim.
Landauer an seine Tochter.

19. Mai 1916

Meine liebe Lotte!
[…] Gestern ist das Jüdische Volksheim in der Dragonerstraße eröffnet worden, und ich habe da zur Eröffnung in einer in sich geschlossenen Form meinen Schlußvortrag über Sozialismus gehalten. Es war eine große Menge Menschen gekommen und in drei oder vier nicht zu großen Zimmern drängten sich an die 200 Menschen. Ein paar junge Leute haben da mit verhältnismäßig geringen Mitteln etwas ganz Reizendes geschaffen. Die Wohnung ist ganz entzückend ausgestattet, wohltuend, traulich und ernst zugleich. Es sollen da Studenten, Kaufleute, Arbeiter beiderlei Geschlechts zusammenkommen, zu belehrenden Gesprächen und Vorlesungen; Mütter werden beraten; ein Kinderhort ist da, und zwei Stuben werden als Werkstätten für Tischlerei usw. eingerichtet, was gerade für die Juden, die aus dem Osten kommen und oft nichts als Hausieren und dergleichen gelernt haben, sehr wertvoll ist.

Jüdisches Volksheim. Berlin C., Dragonerstr. 22

Dienstag, den 8. April, abends ½8 Uhr

Saal des Hotel „Exelsior", Königgrätzerstr. 112-113
(am Anhalter Bahnhof)

Vortrag S. Rubaschoff

Marxismus und jüdischer Sozialismus

Karten à M. 2 — und 1.— im Jugendsekretariat, W 15, Sächsischestr. 8, im Jüdischen Arbeitsamt, C., Monbijouplatz 10 und an der Abendkasse

Die Dragonerstraße (heute Max-Beer-Straße) beherbergte in den Jahren 1916–1929 das Jüdische Volksheim.

Franz Kafka

Kafka an Felice Bauer.
Über das Jüdische Volksheim.

Sommer 1916

Liebste …
Die geringe Zeit, die Dir bleibt, kannst Du (Spazieren und Turnen nehme ich aus) nicht besser verwenden als dort, es ist unzähligemal wichtiger als Theater, als Klabund, als Gerson und was es sonst noch gibt. Es ist auch eine der eigennützigsten Angelegenheiten. Man hilft nicht, sondern sucht Hilfe, es ist aus dieser Arbeit mehr Honig zu holen als aus allen Blumen der Marienbader Wälder…
Von jedem Handgriff, den Du dort tun wirst, von jeder Mühe, die Du dort auf Dich nimmst (Deiner Gesundheit darf sie allerdings nicht schaden), von jeder solchen Sache werde ich zehren, so wie von Deinem letzten Brief. Es ist, soviel ich sehe, der absolut einzige Weg oder die Schwelle des Weges, der zu einer geistigen Befreiung führen kann. Und zwar früher für die Helfer, als für die, welchen geholfen wird. Vor dem Hochmut der entgegengesetzten Meinung hüte Dich, das ist sehr wichtig. Worin wird denn dort im Heim geholfen werden? Man wird, da man doch für dieses Leben schon einmal in seine Haut eingenäht ist und zumindest mit eigenen Händen und unmittelbar an diesen Nähten nichts ändern kann, versuchen, die Pfleglinge, bestenfalls unter möglichster Schonung ihres Wesens, der Geistesverfassung der Helfer und in noch weiterem Abstand der Lebenshaltung der Helfer anzunähern, d.h. also dem Zustand des gebildeten Westjuden unserer Zeit, berlinerischer Färbung und, auch das sei zugegeben, dem vielleicht besten Typus dieser Art. Damit wäre sehr wenig erreicht. Hätte ich z.B. die Wahl zwischen dem Berliner Heim und einem andern, in welchem die Pfleglinge die Berliner Helfer (Liebste, selbst Du unter ihnen und ich allerdings obenan) und die Helfer einfache Ostjuden aus Kolomea oder Stanislau wären, ich würde mit riesigem Aufatmen, ohne mit den Augen zu zwinkern, dem letzteren Heim den unbedingten Vorzug geben. Nun glaube ich aber, diese Wahl besteht nicht, niemand hat sie, etwas, was dem Wert der Ostjuden ebenbürtig wäre, läßt sich in einem Heim nicht vermitteln, in diesem Punkt versagt in letzter Zeit sogar die blutsnahe Erziehung immer mehr, es sind Dinge, die sich nicht vermitteln lassen. Und diese Möglichkeit des Erwerbes haben, so stelle ich es mir vor, die Helfer im Heim. Sie werden wenig leisten, denn sie können wenig und sind wenig, aber sie werden, wenn sie die Sache begreifen, alles leisten, was sie können, und daß sie eben alles leisten, mit aller Kraft der Seele, das ist wiederum viel, nur das ist viel.

Kindergartengruppe vor dem Gebäude des Jüdischen Volksheims. Aufnahme 1918

Der Innenhof des ehemaligen Jüdischen Volksheims

Mischket Liebermann

Im Berliner Ghetto

Ein Zufall hat mich in die Gegend meiner Kindheit verschlagen. Ich wohne wieder unweit vom Alexanderplatz. Wie vor sechzig Jahren. Gern lasse ich mich für ein Weilchen am Neptun-Brunnen nieder, betrachte die Neubauten, die Anlagen. Bilder von einst ziehen vorbei: Münzstraße, Grenadierstraße, Dragonerstraße, Schindelgasse, Mulackstraße ... Ein Armenviertel, ein Scheunenviertel. Auch ein Hurenviertel. So eins, wo die Alten, Verbrauchten auf den Strich gingen. Ich denke an das Stück Mittelalter zurück, das es in der Nähe vom Alex gab, an das Ghetto, in dem ich meine Kindheit verbrachte.
Ja, auch in Berlin gab es ein Ghetto. Ein freiwilliges. Lange vor Hitler. Genauer – bis zur Hitlerei. Denn dann gab es die unfreiwilligen. Und die Gaskammern.
Das Ghetto lag in der Grenadierstraße und ihrer Umgebung. Zwischen dem Bülowplatz, dem heutigen Luxemburgplatz, und der Münzstraße. Ausgerechnet in dieser Gegend hatten sich die Ostjuden niedergelassen, die 1914 vor den Kriegswirren aus Galizien geflüchtet waren. Was heißt ausgerechnet. Natürlich hatte das seine guten Gründe. Hier gab es die billigsten Wohnungen und die wenigsten Antisemiten. Einer folgte dem anderen nach. Bald wohnten sie Haus an Haus, Tür an Tür. Im Zusammenrücken glaubten sie Schutz zu finden, und wer weiß, vielleicht auch ein Stückchen Heimat. Viele Berliner verließen allmählich dieses Scheunenviertel.
Und auch so manche der Ostjuden zogen eines Tages wieder fort von hier. Wenn sie das »große Los« gewonnen, das heißt, wenn sie gute Geschäfte gemacht hatten und reich geworden waren. Dann siedelten sie sich in den Vierteln der Reichen an und versuchten, deren Lebensweise nachzuahmen. Dabei passierten die komischsten Dinge. In die Wohnung der Neureichen gehörte ein Flügel, ein Bechstein-Flügel mußte es sein. Egal, ob jemand darauf spielen konnte oder nicht. Aber den kleinen Kinderlech (Kinderchen) machte es Spaß, mit ihrem Nachttopf darauf zu sitzen, sich wie im Spiegel zu beobachten und Grimassen zu schneiden. Der Herr Papa und die

Grenadierstraße. Ein orthodoxer Jude führt seine Kinder am Schabbath aus.

Kellerladen in der
Grenadierstraße

Frau Mama schmolzen dahin vor Glück ob dieses Anblicks. Efscher (vielleicht) wird ihr Sprößling mal ein berühmter Musiker werden. Kann man's wissen, wo doch alles im Himmel schon vorgeschrieben ist?
Dann gab es die »Luftmenschen«, wie sie der jüdische Klassiker Scholem Alejchem so köstlich beschrieben hat. Sie hatten keinen Beruf, sie hatten kein Geld, aber sie hatten »Ideen«. Damit machten sie Geld und manchmal auch Pleite. Denn wenn einer darauf kam, mit einer bestimmten Ware zu handeln, sagen wir, mit Unterwäsche, dann stürzte sich ein Dutzend solcher Luftmenschen auf diesen Artikel, und alle zusammen machten sie Pleite. Aber sie fanden sehr schnell wieder eine andere »Idee«.
Doch die meisten der Ostjuden blieben im Ghetto. Und blieben, was sie waren: arme Schlucker. Mit unheimlich vielen Kindern.
Das Berliner Ghetto umgaben keine Mauern, und doch war es eine abgeschlossene Welt. Es hatte seine eigenen Gesetze, seine Sitten und Gebräuche. Die orthodoxen Juden wachten darüber, daß sie streng eingehalten wurden. Es gab eine eigene Versorgung. Alles mußte ja koscher sein. Die enge Grenadierstraße war voller kleiner Läden: Fleischwaren, Kolonialwaren, Grünkram, zwei Bäckereien, na und

Grenadierstraße 29. Hier hat Mischket Liebermann als Kind gewohnt.

die Fischhandlung. Die durfte auf keinen Fall fehlen. Denn was ist ein Sabbat ohne gefüllten Fisch? Eigene Handwerker, Schuster, Schneider, Trödler, Hausierer waren da. Und eine koschere Gaststätte mit einer vorzüglichen Küche. Doch im Mittelpunkt standen die zwei Bethäuser mit ihren beiden Rabbinern, den Vorbetern und den Schlattenschammes, den Synagogendienern.
Das Ghetto konnte sich sogar rühmen, eine eigene Diebes- und Hehlerbande zu haben. Eines Tages wurde bei uns eingebrochen. Das heißt, man brauchte gar nicht einzubrechen, die Wohnungstür stand stets offen. Bei uns war den ganzen Tag ein Kommen und Gehen. Mein Vater war nämlich einer der Rabbiner im Ghetto. Es kränkte ihn sehr, daß man es gewagt hatte, ihn, den »Vertreter Gottes auf Erden«, zu bestehlen. Er ließ sich den Bandenboß kommen. Jeder wußte, wo er wohnte. Sogar die Polizei wußte es. Aber er ging aus allem wie ein Unschuldslamm hervor.
Der Mann kam und entschuldigte sich sehr höflich bei meinem Vater. »Solche Idioten!« fluchte er. »Ich kann mich auf niemanden mehr verlassen. Bei den eigenen Leuten einzubrechen. Ausgerechnet beim Rabbi Pinchus-Elieeser, der so schöne Töchter hat.« ... »Morgen haben Sie alles zurück.« Und wir hatten es zurück. Altes Zeug. Uns ging es vor allem um die Nähmaschine, ohne die wir Kleinen hätten nackt herumlaufen müssen.
Eine besondere Kaste bildeten die Schnorrer (Bettler) im Ghetto. Die gab es in Scharen. Jeder von Ihnen hatte eine bestimmte Familie, bei der er Monat für Monat erschien und Geld kassierte. Pünktlich auf den Tag. So, als sei es sein Gehalt. Bekam mal einer keins, machte er Rabatz. Unser hauseigener Schnorrer jagte uns Kindern immer einen Schreck ein, wenn er kam. Er war ein großer, hagerer, einäugiger Mann, trug einen schwarzen, verwilderten Bart und Schläfenlocken. Sein Kaftan war fettig und voller Löcher, er selber frech und aufdringlich. Wenn meine Eltern ihn einen Monat vertrösten mußten, weil sie selber nicht wußten, wie sie den nächten Tag zurechtkommen würden, wetterte er los: »Warum soll ich Ihnen das schenken? Wer schenkt mir denn was!«

Grenadier- Ecke Hirtenstraße um 1930. Eine soziologische Momentaufnahme des Scheunenviertels: Die Kamera ließ dieses zufällige Ensemble an einer Straßenecke zu einem aufschlußreichen Arrangement erstarren. Im Vordergrund die Arbeitslosen; leicht aus der Mitte gerückt zwei Prostituierte; im Hintergrund jüdische Lebensmittelgeschäfte.

Walter Mehring

Galizien am Alexanderplatz, Spartacus und Inflation.

Schon als jene fünfzig aus Wien geflüchteten israelitischen Familien, die die Urzelle der Berliner Gemeinde bilden, durch das Judenedikt von 1671 Aufnahme finden sollten, protestierte Aaron, der Hofjude des Kurfürsten Friedrich Wilhelm gegen den unerwünschten Zuzug. Im Friderizianischen Zeitalter suchte man erst »Juden, strafbare Totschläger, Gotteslästerer, Mörder, Diebe der Kaufmannsgilde fernzuhalten«, dann erfreuten sich die im großen wuchernden Schutzjuden, die Marcus, Itzig, Ephraim der »Freyheit eynesz christlichen Banquiers«, während jüdisches Ingesinde – wie etwa der Buchhalter und Philosoph Moses Mendelssohn – waren sie stellungslos, sofort über die Grenze abgeschoben wurden. Das General-Juden-Reglement von 1850 gewährte den »ordentlichen und außerordentlichen Judenfamilien« Heimatsrecht; den fremden nur, wenn sie durch ein Vermögen von mindestens 10 000 Talern ihre Zugehörigkeit zu den besseren Ständen erweisen konnten. Auch vom Beginn der Emanzipation um 1805, da Juden zu städtischen Ehrenämtern zugelassen wurden, bis zur Republik, die ihnen endlich die obersten Staatsstellungen erschließt, hatte die Plebs der Heidereuthergasse und die »asiatitische Horde auf märkischem Sande« – wie sie ein nachmals zum Minister arrivierter Glaubensgenosse genannt – machen Ehrgeizigen unter ihnen in seinem Aufstieg geniert. Der Ostjude, der Recht- und Heimatlose aller östlichen Pogrome, blieb, soweit er sich nicht geistig und pekuniär assimilierte, als »Mischpoche« peinlich ... Zeiten gibt es, in denen eine staatlich subventionierte Propaganda den Fremdling höflichst zur Besichtigung aller Sehenswürdigkeiten einlädt; und Zeiten, in denen sie ihn mit dem Gruße: Achtung! Spitzel beiderlei Geschlechts in fremdem Solde überall tätig! empfängt. Die ersten Jahre nach der Kriegsverödung fand Berlin hinreichend Abwechslung in den Ekstasen der Revolution, beim Basteln des Republikgefüges, in weltstädtischen Ausschweifungen – Rekonstruktion der ausländischen Vorkriegsbelletristik –, wie sie der märkisch-protestantische Flugsand nie zuvor hergegeben hatte. Aber die Ersatzblüte von Jazzband-, Kokain- und Freiheitsimport war rasch wieder abgewelkt, und man dürstete nach saftigem Wohlstand, nach unverfälschtem Ausland. Und der Himmel verfinsterte sich; es ging ein Gestöber von Papiergeld nieder, daß es in den Straßen an jedem Morgen aussah wie nach der Silvesternacht, und die Finanzen die Gullis verstopften. Alle Nahrungsmittel wandelten sich unter der Hand zu Papier; es war eher eine Flasche Sacharin-Champagner und eine Portion roter Kaviar zu haben als ein Stück Brot und ein Pfund Kartoffeln. Und es rückte das Ausland an, aber in marodierenden, völkerwandernden Horden. Die Offizierskorps aus dem Zusammenbruch der Koltschak- und Denikin-Armeen, von USA die Valutakorsaren, die Stämme balkanischer Bazars, alles strömt in das Vakuum des Inflations-Berlin ein. Ein Heerlager von Goldsuchern und Söldnern außer Diensten ...

Was für den französischen Emigranten die Cannebière, für den deutschen die Reeperbahn, das bedeutet für den Ostjuden die Grenadierstraße: den Zugang zu den ökonomischen Gefilden einer Neuen Welt. Vom Schwarzen bis zum Baltischen Meer, von den Karpaten bis zum Ural, wo immer sich an der Grenze Asiens Kinder des auserwählten Volkes – zahlrech wie »samt beim jam«: wie Sand am Meer – angesiedelt haben, nennt man die Grenadierstraße. Nahe dem Bülowplatz, wo sich die Volksbühne, ein Monstrequadernbau, auf den Trümmern des ausgerodeten Scheunenviertels erhebt, der ehemaligen Zuflucht des Lumpenproletariats. Noch heute, seit der siegreichen Offensive der Regierungstruppen an der Linienstraße im März 1919 – Flammenwerfer und Panzerautos mit Totenköpfen wie auf Giftphiolen – bluten an Bauzäunen im Zuge der alten Gassen die Freiheitsparolen von Spartakus: Hoch die III. Internationale! und Heil Moskau! und Denkt an Liebknecht und Luxemburg! Aber ringsum, eingekerkert zwischen den neuen, europäisch gestutzten Wolkenkratzern: Giebelhäuschen mit Mansarden vom Beginn des XIX. Jahrhunderts. Gali-

Straßenverkauf in der
Grenadierstraße

Ähnlich anderen Straßen des Viertels wurde die Grenadierstraße an vielen Tagen während der Inflationszeit zu einer – allerdings ostjüdischen – freien Börse. Aufnahme 1923

zien grenzt an Berlin, der Altkleiderhandel an die Propaganda.
Diese ländlichen Klänge: Scheunenviertel – Hirten-, Grenadier-, Artilleriestraße! So begann in Preußisch-Berlin die Bannmeile, mit Exerzierplätzen statt Klosterhöfen. Im hypertrophischen Wachstum zur Vielmillionenkapitale erhielt sich ein Rest von Peripheriecharakter: Kleinstädtische Sonnenuntergänge. Entengeschnatter, Truthahngekrächz, Taubengurren aus Bretterbuden einer Trödelfarm. Und im Gewirr lichtarmer Gassenschluchten: ein fremder Trubel in langen, schleppenden Kaftanen; auf und ab, unstet, in beengtem Ghettoschritt; zu Gruppen geronnen, die Oberkörper im Gedankentakte wippend; »klärend«, bedächtig und ekstatisch, verschmitzt und düster; Südländer in nordischer Exiltracht. Die griesgrämigen Fassaden bis zum First berankt mit hebräischen Schriften wie verkümmerten Tropenpflanzen. In jedem stinkenden Hinterhof ein Stübel, Schul, Jeschiwa der Frömmsten – der »schweren Haubitzen« …
Im überheizten Raume schmort ein zäher Menschenbrei, der brummelnd um den Almemor wogt, aufzischt in Zugenschnalzern, beim Überkochen tremolierend siedet. Auf harten Bänken längs der Wände hat sich eine schwarze Kruste greiser Männer abgesetzt; besudelt sind ihre Mäntel, zerschabt die Filzhüte, zerfressen die Pelze, aber verklärt die Antlitze, tiefgeätzt von Weisheit, Mißtrauen, »chochme«; durchdringend die Blicke; hungrig ihre Finger, die in den Büchern schwelgen; ihre Lippen schlürfen die Erkenntnis; ihre Ohren, taub dem Schacher, dem Geschrei der Kinder, horchen den verwehten Stimmen der Rabbanim und Chakamim; ihr Gaumen kostet tausendmal genossene Märchenspeise der Hagada. Alle Sinne, scharf gewetzt an der Gemara, können diesen Schwall von Dreck und Armut auf den Grund des Wesens zerteilen – denn sie wissen: in unwürdigster Umgebung, in ekelster Hülle, hinter widerlichster Pojazzfratze kann ein Zaddik sich verbergen, einer der 36 Gerechten, auf denen diese Irdischkeit beruht. Kein Priester braucht es zu sein, kein Levit, Aaronit, kein Talmudist, vielleicht nicht einmal ein Jude. Unerforschlich, wider alle Gesetze der Rangordnung, ist das Wesen des Zaddik.
Beschränkung des Erwerbes: sagen die Sprüche der Väter. Und da stehen sie und wuchern, so nahe der Bundeslade. Mäßigkeit in der Unterhaltung: gebieten die Sprüche. Aber da wird geredt und geredt! Grotesk scheint ihr Gebaren: Der Schammes, der mit dem Opferstock wie ein Flog herumhupft; dieser, der zigarettenpaffend hereinstürzt und gierig aus den Regalen einen der heiligen Folianten reißt; jene, die über Russenpolitik, Prozente und Schicksen debattieren. Aber um des einen Zaddiks willen, der doch könnte unter ihnen sein, sei ihnen vergeben.

Luftaufnahme von Alexanderplatz und Scheunenviertel um 1912. Links unten der Bahnhof, daneben Dircksenstraße, Königsgraben, Kaufhaus Tietz, Alexanderstraße (später Memhardtstraße). In der Mitte des Alexanderplatzes die Berolina. Am oberen linken Bildrand ein Teil des Scheunenviertels: die unbebaute dreieckige Fläche ist der Babelsberger Platz, der spätere Bülowplatz, auf dem 1913–1915 die Volksbühne errichtet wird. Links Hirtenstraße, Grenadier- und Dragonerstraße.

Der Alexanderplatz in
einer Luftaufnahme
von 1935. Rechts am
oberen Bildrand die
Grenadierstraße.

Seife

Andrang an den Spieltischen vor dem Zentralen Arbeitsamt in der Gormannstraße. 1919

In den deutschen Großstädten kam es wegen der oft katastrophalen Ernährungslage wiederholt zu Hungerunruhen und Plünderungen von Lebensmittelgeschäften.

Mit revolutionärer Selbstbedienung hatten die Angriffe auf Geschäfte im Scheunenviertel allerdings kaum etwas zu tun: »Am 3. März (1919) nachmittag wurde der Generalstreik für Groß-Berlin beschlossen... In den Nachmittags- und Abendstunden des 3. März wurden im Scheunenviertel und am Alexanderplatz eine Anzahl Geschäfte ausgeraubt und mehrere Polizeireviere gestürmt. Diese Vorgänge hatten mit dem Generalstreik absolut nichts zu tun. Es ließ sich an jenen Tagen auch nicht feststellen, von welcher Seite das in jenen Stadtteilen ständig anwesende Gesindel zu diesen Schandtaten aufgestachelt worden war. Der Verlauf der an diese Vorgänge sich anschließenden Kämpfe... hat aber mit ziemlicher Gewißheit gezeigt, daß Leute ihre Hand im Spiel hatten, die mit den inszenierten Straßenkämpfen auch die politische Aktion der Arbeiterräte treffen wollten. In derselben Nacht wurde die Redaktion der ›Roten Fahne‹ von Regierungstruppen vollständig zerstört. Und der Oberkommandierende *Noske* verhängte über Berlin den Belagerungszustand.« (Richard Müller, Der Bürgerkrieg in Deutschland, 1925)

Märzkämpfe 1919. Soldaten des Freikorps Lüttwitz, erkennbar am Totenkopf, mit Panzerwagen und Geschützen vor dem Einsatz gegen die Revolutionäre hinter dem Alexanderplatz; hier in der Grenadierstraße.

»Vom Bülowplatz wurden gestern die Regierungssoldaten, die in der Schönhauser Straße und in der Schönhauser Allee Patrouillendienst taten, von den Dächern beschossen. Das durch Freiwilligenkorps abgeschlossene Scheunenviertel ist durchaus noch nicht von Spartacisten gesäubert. An vielen Stellen haben sich Spartacisten auf den Dächern eingenistet und belegen von dort die Soldaten mit heftigem Feuer. Die Säuberung des Scheunenviertels wird planmäßig fortgesetzt, doch läßt sich nicht absehen, wann in dieser Gegend endlich die Schießereien aufhören werden. Es sind wiederum zahlreiche unschuldige Personen zu Schaden gekommen. So wurden in der Dragonerstraße mehrere Männer und Frauen durch abirrende Kugeln schwer verwundet.« (Berliner Tageblatt, 12. 3. 1919) – Hier Freikorpstruppen in der Münzstraße.

Walter Mehrings »Schauspiel aus der deutschen Inflation«, in dessen Mittelpunkt ein Ostjude als geschobener Schieber steht, löste bei der Uraufführung 1929 einen der größten Theaterskandale der Weimarer Republik aus. Jüdische Zeitungen bezeichneten es als ein antisemitisches Machwerk, von der nationalsozialistischen Presse wurde es als »jüdisch-kommunistisches« und von der kommunistischen als »reaktionär bourgeoises« Tendenzstück verdammt. Das Stück zeigt, wie der Kritiker Alfred Kerr schrieb, den »armen Finanzpinscher« Chaim Kaftan als »ein Wellchen in der Sintflut«. Mit 100 Dollar am Alexanderplatz angekommen kann er fast ganz Berlin kaufen; von der schwarzen Reichswehr wird er für Waffenschiebungen benutzt und kann für kurze Zeit aus dem Scheunenviertel in die bessere Gesellschaft aufsteigen, um bei der grossen Pleite sofort wieder fallen gelassen zu werden. Die Inflation hat ihren Sündenbock.

PISCATORBÜHNE

Ludwig Klopfer
im Theater am Nollendorfplatz

Anfang 7½ Uhr

Der Kaufmann von Berlin

ein historisches Schauspiel aus der deutschen Inflation
von
Walter Mehring
Inszenierung: Erwin Piscator

Gesamtausstattung: L. Moholy-Nagy
Bühnentechnik: Herbert Selinger
Film:
Regie: Moholy-Nagy
Aufnahmen: Alex Strasser
Zeichentricks: Elwitz-Schönfeld

Musik: Hanns Eisler
Assistenz:
Herbert Breth-Mildner
Orchester:
Weintraub Syncopators
(m. Genehm. d. „Wintergartens")
Rhythmik: Claire Bauroff

P e r s o n e n :

Kaftan	Paul Baratoff	Kneifer	Erich Bartels
Lodenrock	Hermann Speelmans	Arbeiter	Albert Venohr
		Schreiber	E. Bornträger
Bauersfrau	Edith Angold	Schaffner	Fritz Erpenbeck

Gepäckträger: Karl Hannemann, Leopold Lindtberg, Friedrich Gnas
Huren: Ilva Günten, Lotte Loebinger, Felicitas Niedermayer, Marta John, Frieda Bohm, Hella Bialer

Greise Männerstimme .	Jacob Schöps	2. Polizist	Kurt Lieck
Heisere Männerstimme	Friedrich Gnas	Alter Mann	Ernst Busch
Wurstmaxe	W. Bernhardy	Arme Frau	Ilva Günten
1. Polizist	Erich O. Peters	Kleines Kind	Grete Merory

Frauen: Edith Angold, Bertl Eisenberg, Felicitas Niedermayer, F. Bohm, Kaethe de Neuf

Paul Baratoff als der ostjüdische Kaufmann Kaftan und Reinhold Schünzel als der deutschnationale Rechtsanwalt Müller in der Uraufführung der Piscatorbühne. 1929

Sling

Der Menschheit Krümel

Die Menschheit ist ein großer, nicht eben süßer Kuchen, der krümelt.
Die schwarze, nicht große Dame schlängelt sich in den Gerichtssaal – wie von der Orska gespielt. Sie weiß nicht, was sie soll, nicht mal, warum sie soll. Sie zeigt das beziehungsreiche Lächeln der intelligenten russischen Jüdin, und sie glaubt an das Lächeln. Sie spendet es erst dem Gerichtsdiener, dann dem jungen Referendar, der den Staatsanwalt vertritt, schließlich dem Richter selbst. Man könnte glauben, sie sei vom russischen Ballett. Sie ist nur Schneiderin.
Der Richter ist nicht erbaut von der Geschichte, denn es hapert bei ihr mit der deutschen Sprache, und sie wiederholt dauernd: »Ich weiß nicht, warum ich 300 Mark zahlen soll.«
»Sie haben sich ohne Erlaubnis hier aufgehalten.«
»Aber wo soll ich mich aufhalten?«
»Warum sind Sie nicht in Amerika geblieben?«
»Man hat mich ausgewiesen – «
»Sind Sie nicht Amerikanerin?«
»Nein, Russin.«
»Warum sind Sie nicht in Rußland geblieben?«
»Meine Eltern sind vor zehn Jahren mit mir nach Amerika ausgewandert.«
»Warum gehen Sie nicht nach Rußland zurück?«
»Man läßt mich doch nicht hinein – «
Der Richter sieht in den Akten nach. Es stimmt. Noch eines will er wissen.
»Warum sind Sie aus Amerika ausgewiesen?«
»Ich bin in schlechte Gesellschaft geraten. Meine Eltern wollten mir nicht helfen, und da hat man mich auf einen deutschen Dampfer gesetzt. Ich kam in Hamburg an, fuhr nach Berlin. Warum soll ich nun 300 Mark zahlen?«
Kein Zweifel, alles stimmt. Es wird auch nachgewiesen, daß sie sich um einen Paß nach Rußland bemüht hat. Aber die Sowjetregierung stellt ihr keinen aus, weil die Staatsangehörigkeit nicht festzustellen ist.
Was soll sie machen?
Der Richter spricht sie frei, weil sie alles getan habe, um aus Deutschland herauszukommen, und weil sie keine Möglichkeit habe, woanders hinzugelangen.
Später treffe ich sie auf dem Korridor. Sie lächelt mich an und fragt:
»Was ist nun mit mir?«
»Sie sind freigesprochen.«
»Danke – sehr angenehm.«
Und schlängelt sich die Treppe abwärts.
Krümel der Menschheit. Lebendig ohne jegliche Existenzberechtigung. Weder das große Rußland noch das große Amerika haben ein Plätzchen für sie übrig. Und Deutschland auch nicht. Pustet auf den Tisch und läßt den Krümel auf der Erde liegen.
Würde der Krümel die Gesetze ernst nehmen, so müßte er sich erschießen. Wie kann man leben ohne Erlaubnis?
Er tut's.

Februar 1920. Abgesperrtes Haus in der Grenadierstraße während einer Durchsuchung. Häufig wurden geflüchtete Ostjuden verhaftet und in Militärlager außerhalb Berlins verschleppt. Im Frühjahr 1921 erfolgte die Internierung unerwünschter Ausländer in den zu diesem Zweck errichteten Konzentrationslagern Stargard und Cottbus.

Februar 1920.
Die bei der Razzia in der Schendelgasse verhafteten jüdischen Frauen werden in die Alexanderkaserne gebracht.

Februar 1920. Die Polizei sperrt die zur Grenadierstraße führenden Straßen ab, weil dort eine Razzia nach Ausländern durchgeführt wird.

Die alte Geschichte

Die Geschichte ist wirklich immer dieselbe. Man trifft einen Ausländer, der nach dem russischen Konsulat fragt. Man geht drei Schritte mit ihm, dann kommt ein anderer Ausländer. Der erste Ausländer bietet dem zweiten ein goldenes Zwanzig-Rubel-Stück an, das er hocherfreut mit zehn Mark bezahlt; dann geht der erste Ausländer weg – angeblich aufs russische Konsulat. Der zweite Ausländer sagt aber zu dem Angesprochenen: »Da haben wir ein feines Geschäft gemacht, Sie hätten auch was von ihm kaufen sollen, denn das Goldstück ist zwanzig Mark wert!« Der Angesprochene wird nun auch gieprig. Der erste Ausländer wird mit geringer Mühe zurückgeholt; er hat aber keine Goldstücke mehr, sondern nur noch »Brillanten«. Man geht zum nächsten Juwelier, der steht jedesmal ohne Hut und Mantel vor der Tür seines Geschäftes, klemmt sich eine Lupe in die Augen und schätzt jeden einzelnen Brillanten auf 600 Mark, worauf der Angesprochene sich die größte Mühe gibt, sich das Geld zu verschaffen.

Die Geschichte ist wirklich alt und außerordentlich erfolgreich. Nur erlebte man gestern vor Gericht den seltenen Genuß, sie zweimal hintereinander in höchst verschiedenen Dialekten vorgetragen zu hören: zuerst in einem ziemlich gemilderten Jiddisch, dann in einem perfekten Sächsisch. Der erste, dem sie passiert war, ein kleiner, schwarzhaariger Ostgalizier, im Vollgefühl der Tragikomik des Reingefallenen. Der zweite ein erfahrener sächsischer Kellner, im erhabenen Selbstbewußtsein dessen, der sich nicht betrügen läßt, sondern den Gauner übergaunert und zur Wache bringt.

Der Angeklagte selbst ein schlanker, magerer Russe, dessen allzu lange Arme viel zu weit aus den Ärmeln des einst eleganten Überziehers hervorguckten – allzu lang auch der kragenlose Hals. Ein trauriger Mann, aus dem auch die Dolmetscherin nicht viel hervorholen konnte.

Die Erzählung des Ostgaliziers aber war deshalb so schön, weil man auf diese Weise seine ganze treuherzige Lebensgeschichte kennenlernte. Zweihundert Mark hatte ihm der Schwager aus Nordamerika geschickt, damit er mit seiner Familie nachkommen könne. Und die zweihundert Mark waren in der Wohnung versteckt, er hatte sich vorgenommen, sie nicht anzurühren, unter gar keinen Umständen. Als Ostern kam, hatte er lieber, um das Fest würdig zu begehen, dreißig Mark gepumpt, ehe er den eisernen Bestand angriff. Und gerade die dreißig Mark hatte er in der Tasche, als er den Gauner traf. Vielleicht hätte er dem Gauner nicht getraut, aber dessen Kompagnon zitierte einen jüdischen Spruch, der ihm zu Herzen ging. Wenn nämlich einer Glück hat, so pflege man zu sagen: Du bist dem Propheten Elias begegnet. Und der zweite Gauner hatte ihm mit Bezug auf den ersten augenzwinkernd zugeflüstert: »Du hast den Propheten Elias getroffen.« Der kleine Galizier war nur traurig, daß er nicht so viel Geld hatte, wie der Gauner für jeden Stein verlangte, und war am Ende überglücklich, daß der ihm für seine zweihundertdreißig Mark einen Stein abließ. Der Vorsitzende fragt: »Haben Sie ihr Geld zurückbekommen?« Und der kleine Mann, traurigkomisch lächelnd: »Ich? Mein Geld? Ich bin noch jetzt nicht auf den Beinen.« Und nach der Verhandlung vertraute er mir an: »Wenn ich nicht so tief religiös wäre, es wäre damals zu einem Familienselbstmord gekommen.«

Aber auch der Sachse hatte etwas Komisches zu berichten. Als er nämlich den Gauner schon fest beim Wickel hatte, wollte der sich loskaufen. Er bot – ganz ernsthaft – einen Brillanten, natürlich von derselben Sorte wie die, derentwegen er verhaftet worden war. Aber der biedere Sachse, der den Verdacht nicht aufkommen lassen wollte, er hätte diesen Wertgegenstand etwa für sich behalten, erklärt mit Emphase, daß er den Brillanten selbstverständlich sofort der Polizei zur Verfügung gestellt habe.

Der Staatsanwalt beantragt drei Jahre Gefängnis. Als man den Angeklagten fragt, ob er etwas dazu zu sagen habe, murmelt er traurig drei Worte, die die Dolmetscherin übersetzt: »Er möchte sterben.«

Immerhin genügte dieses Plädoyer, um die Strafe auf zwei Jahre herabzusetzen.

Freie Börse in der Alten Schönhauser Straße im Jahre 1919

Die »Münzglocke«, an
der Einmündung der
Grenadier- in die
Münzstraße, war ein
bekanntes Lokal der
Unterwelt. Der Schwarz-
handel wurde ganz offen
vor der Kneipe betrieben.

Josef Sand
Nähgarne
Josef Sand
BÖTZOW
Münz-Glocke
BÖTZOW
Münz-Glocke
BÖTZOW
Münz-Glocke
Warme Küche
Münz-Glocke

Joseph Roth

Juden auf Wanderschaft. Berlin.

1

Kein Ostjude geht freiwillig nach Berlin. Wer in aller Welt kommt freiwillig nach Berlin? Berlin ist eine Durchgangsstation, in der man aus zwingenden Gründen länger verweilt. Berlin hat kein Ghetto. Es hat ein jüdisches Viertel. Hierher kommen die Emigranten, die über Hamburg und Amsterdam nach Amerika wollen. Hier bleiben sie oft stecken. Sie haben nicht genug Geld. Oder ihre Papiere sind nicht in Ordnung.
(Freilich: die Papiere! Ein halbes jüdisches Leben verstreicht in zwecklosem Kampf gegen Papiere.)
Die Ostjuden, die nach Berlin kommen, haben oft ein Durchreisevisum, das sie berechtigt, zwei bis drei Tage in Deutschland zu bleiben. Es sind schon manche, die nur ein Durchreisevisum hatten, zwei bis drei Jahre in Berlin geblieben.
Von den alteingesessenen Berliner Ostjuden sind die meisten noch vor dem Kriege gekommen. Verwandte sind ihnen nachgereist. Flüchtlinge aus den okkupierten Gebieten kamen nach Berlin. Juden, die in Rußland, in der Ukraine, in Polen, in Litauen der deutschen Okkupationsarmee Dienste geleistet hatten, mußten mit der deutschen Armee nach Deutschland.
Es gibt auch ostjüdische Verbrecher in Berlin. Taschendiebe, Heiratsschwindler, Betrüger, Banknotenfälscher, Inflationsschieber. Fast keine Einbrecher. Keine Mörder, keine Raubmörder.
Vom Kampf um die Papiere, gegen die Papiere ist ein Ostjude nur dann befreit, wenn er den Kampf gegen die Gesellschaft mit verbrecherischen Mitteln führt. Der ostjüdische Verbrecher ist meist schon in seiner Heimat Verbrecher gewesen. Er kommt nach Deutschland ohne Papiere oder mit falschen. Er meldet sich nicht bei der Polizei.
Nur der ehrliche Ostjude – er ist nicht nur ehrlich, sondern auch furchtsam – meldet sich bei der Polizei. Das ist in Preußen weit schwieriger als in Österreich. Die Berliner Kriminalpolizei hat die Eigenschaft, in den Häusern nachzukontrollieren. Sie prüft auch auf der Straße Papiere. In der Inflation geschah es häufig.
Der Handel mit alten Kleidern ist nicht verboten, aber er ist auch nicht geduldet. Wer keinen Gewerbeschein besitzt, darf meine alte Hose nicht kaufen. Er darf sie auch nicht verkaufen.
Dennoch kauft er sie. Er verkauft sie auch. Er steht in der Joachimsthaler Straße oder Ecke Joachimsthaler Straße und Kurfürstendamm und tut so, als täte er gar nichts. Er muß den Passanten ansehen, ob sie erstens alte Kleider zu verkaufen haben und zweitens, ob sie Geld gebrauchen.
Die gekauften Kleider verkauft man am nächsten Morgen an der Kleiderbörse.
Auch unter den Hausierern gibt es Rangunterschiede. Es gibt reiche, mächtige Hausierer, zu denen die kleinen sehr demütig aufblicken. Je reicher ein Hausierer ist, desto mehr verdient er. Er geht nicht auf die Straße. Er hat es nicht nötig. Ja, ich weiß nicht einmal, ob ich ihn wirklich »Hausierer« nennen darf. Eigentlich hat er einen Laden mit alten Kleidern und einen Gewerbeschein. Und wenn es nicht sein eigener Gewerbeschein ist, so ist es der eines Eingesessenen, eines Berliner Bürgers, der nichts vom Kleiderhandel versteht, aber prozentual am Geschäft beteiligt ist.
In der Kleiderbörse versammeln sich am Vormittag die Ladeninhaber und die Hausierer. Diese bringen den Ertrag des vergangenen Tages, alle alten Röcke und Kleider. Im Frühling ist Hausse in Sommer- und Sportanzügen. Im Herbst ist Hausse in Cutaways, Smokings und gestreiften Hosen. Wer im Herbst mit Sommer- und Leinenanzügen kommt, versteht das Geschäft nicht.
Die Kleider, die der Hausierer den Passanten für ein lächerliches Geld abgekauft hat, verkauft er mit einem lächerlich geringen Aufschlag an den Ladeninhaber. Dieser läßt die Kleider bügeln, »auffrischen«, richten. Dann hängt er sie vor sein Ladenschild und läßt sie flattern im Wind.
Wer alte Kleider gut zu verkaufen versteht, wild bald neue Kleider verkaufen können. Er

Postkarte vor 1914

Im Scheunenviertel.
Kleintierhandel in der
Hirtenstraße anfangs der
20er Jahre.

wird ein Magazin eröffnen, statt eines Ladens. Er wird einmal Warenhausbesitzer werden.
In Berlin kann auch ein Hausierer Karriere machen. Er wird sich schneller assimilieren als seine Standesgenossen in Wien. Berlin gleicht die Verschiedenen aus und ertötet Eigenheiten. Deshalb gibt es kein großes Berliner Ghetto.
Es gibt nur ein paar kleine Judenstraßen, in der Nähe der Warschauer Brücke und im Scheunenviertel. Die jüdischste aller Berliner Straßen ist die traurige Hirtenstraße.

2

So traurig ist keine Straße der Welt. Die Hirtenstraße hat nicht einmal die hoffnungslose Freudigkeit eines vegetativen Schmutzes.
Die Hirtenstraße ist eine Berliner Straße, gemildert durch ostjüdische Einwohner, aber nicht verändert. Keine Straßenbahn durchfährt sie. Kein Autobus. Selten ein Automobil. Immer Lastwagen, Karren, die Plebejer unter den Fahrzeugen. Kleine Gasthäuser stecken in den Mauern. Man geht auf Stufen zu ihnen empor. Auf schmalen, unsauberen, ausgetretenen Stufen. Sie gleichen dem Negativ ausgetretener Absätze. In offenen Hausfluren liegt Unrat. Auch gesammelter, eingekaufter Unrat. Unrat als Handelsobjekt. Altes Zeitungspapier. Zerrissene Strümpfe. Alleinstehende Sohlen. Schnürsenkel. Schürzenbänder. Die Hirtenstraße ist langweilig vororthaft. Sie hat nicht den Charakter einer Kleinstadtstraße. Sie ist neu, billig, schon verbraucht, Schundware. Eine Gasse aus einem Warenhaus. Aus einem billigen Warenhaus. Sie hat einige blinde Schaufenster. Jüdisches Gebäck, Mohnbeugel, Semmeln, schwarze Brote liegen in den Schaufenstern. Ein Ölkännchen, Fliegenpapier, schwitzendes.
Außerdem gibt es da jüdische Talmudschulen und Bethäuser. Man sieht hebräische Buchstaben. Sie stehen fremd an diesen Mauern. Man sieht hinter halbblinden Fenstern Bücherrücken.
Man sieht Juden mit dem Talles unterm Arm. Sie gehen aus dem Bethaus Geschäften entgegen. Man sieht kranke Kinder, alte Frauen. Der Versuch, diese Berliner langweilige, so gut wie möglich saubergehaltene Straße in ein Ghetto umzuwandeln, ist immer wieder stark. Immer wieder ist Berlin stärker. Die Einwohner kämpfen einen vergeblichen Kampf. Sie wollen sich breitmachen? Berlin drückt sie zusammen.

3

Ich trete in eine der kleinen Schankwirtschaften. Im Hinterzimmer sitzen ein paar Gäste und warten auf das Mittagessen. Sie tragen die Hüte auf dem Kopf. Die Wirtin steht zwischen Küche und Gaststube. Hinter dem Ladentisch steht der Mann. Er hat einen Bart aus rotem Zwirn. Er ist furchtsam.
Wie sollte er nicht furchtsam sein? Kommt nicht die Polizei in diesen Laden? War sie nicht schon einige Male da? Der Schankwirt reicht mir auf jeden Fall die Hand. Und auf jeden Fall sagt er: »Oh, das ist ein Gast! Sie sind schon so lange nicht dagewesen?« Niemals schadet eine herzliche Begrüßung.
Man trinkt das Nationalgetränkt der Juden: Met. Das ist der Alkohol, an dem sie sich berauschen können. Sie lieben den schweren, dunkelbraunen Met, er ist süß, herb und kräftig.

4

Manchmal kommt nach Berlin der »Tempel Salomonis«. Diesen Tempel hat ein Herr Frohmann aus Drohobycz getreu nach den genauen Angaben der Bibel hergestellt, aus Fichtenholz und Pappmaché und Goldfarbe. Keineswegs aus Zedernholz und echtem Gold wie der große König Salomo.
Frohmann behauptet, er hätte sieben Jahre an diesem Miniaturtempel gebaut. Ich glaube es. Einen Tempel wiederaufzubauen, genau nach den Angaben der Bibel, erfordert ebensoviel Zeit wie Liebe.
Man sieht jeden Vorhang, jeden Vorhof, jede kleinste Turmzacke, jedes heilige Gerät. Der Tempel steht auf einem Tisch im Hinterzimmer einer Schenke. Es riecht nach jüdischen zwiebelgefüllten Fischen. Sehr wenige Besucher kommen. Die Alten kennen den Tempel schon, und die Jungen wollen nach Palästina,

Aufnahme 1932

nicht um Tempel, sondern um Landstraßen zu bauen.
Und Frohmann fährt von einem Getto zum andern, von Juden zu Juden und zeigt ihnen sein Kunstwerk, Frohmann, der Hüter der Tradition und des einzigen großen architektonischen Werkes, das die Juden jemals geschaffen haben und das sie infolgedessen niemals vergessen werden. Ich glaube, daß Frohmann der Ausdruck dieser Sehnsucht ist, der Sehnsucht eines ganzen Volkes. Ich habe einen alten Juden vor dem Miniaturtempel stehen gesehen. Er glich seinen Brüdern, die an der einzig übriggebliebenen, heiligen Mauer des zerstörten Tempels in Jerusalem stehen, weinen und beten.

5

Das Kabarett fand ich zufällig, während ich an einem hellen Abend durch die dunklen Straßen wanderte, durch die Fensterscheiben kleiner Bethäuser blickte, die nichts anderes waren als simple Verkaufsläden bei Tag und Gotteshäuser des Morgens und des Abends. So nahe sind den Juden des Ostens Erwerb und Himmel; sie brauchen für ihren Gottesdienst nichts als zehn erwachsene, das heißt über dreizehn Jahre alte Glaubensgenossen, einen Vorbeter und die Kenntnis der geographischen Lage, um zu wissen, wo Osten ist, der Misrach, die Gegend des Heiligen Landes, der Orient, aus dem das Licht kommen soll. In dieser Gegend wird alles improvisiert: der Tempel durch die Zusammenkunft, der Handel durch das Stehenbleiben in der Straßenmitte. Es ist immer noch der Auszug aus Ägypten, der schon Jahrtausende anhält. Man muß immer auf dem Sprung sein, alles mit sich führen, das Brot und eine Zwiebel in der Tasche, in der anderen die Gebetriemen. Wer weiß, ob man in der nächsten Stunde nicht schon wieder wandern muß. Auch das Theater entsteht plötzlich.
Jenes, das ich sah, war im Hof eines schmutzigen und alten Gasthofes etabliert. Es war ein viereckiger Lichthof, Gänge und Korridore mit Glasfenstern klebten an seinen Wänden und enthüllten verschiedene Intimitäten der Häuslichkeit, Betten, Hemden und Eimer. Eine alte, verirrte Linde stand in der Mitte und repräsentierte die Natur. Durch ein paar erleuchtete Fenster sah man das Innere einer rituellen Gasthofküche. Der Dampf stieg aus den kochenden Töpfen, eine dicke Frau schwang einen Löffel, ihre fetten Arme waren halb entblößt. Unmittelbar vor den Fenstern und so, daß sie es zur Hälfte verdeckte, stand ein Podium, von dem aus man direkt in den Flur des Restaurants gelangen konnte. Vor dem Podium saß die Musik, eine Kapelle aus sechs Männern, von denen die Sage ging, daß sie Brüder sind und Söhne des großen Musikers Mendel aus Berdiczew, an den sich noch die ältesten Juden aus dem Osten erinnern können und dessen Geigenspiel so herrlich war, daß man es nicht vergessen kann, weder in Litauen noch in Wolynien, noch in Galizien.
Die Schauspielertruppe, die hier bald auftreten sollte, nannte sich »Truppe Surokin«. Surokin hieß ihr Direktor, Regisseur und Kassierer, ein dicker, glattrasierter Herr aus Kowno, der schon in Amerika gesungen hatte, Vorbeter und Tenor, Synagogen- und Opernheld, verwöhnt, stolz und herablassend, Unternehmer und Kamerad zu gleichen Teilen. Das Publikum saß an kleinen Tischen, aß Brot und Wurst und trank Bier, holte sich Speise und Trank selbst aus dem Restaurant, unterhielt sich, schrie, lachte. Es bestand aus kleinen Kaufleuten und deren Familien, nicht mehr orthodox, sondern »aufgeklärt«, wie man im Osten Juden nennt, die sich rasieren lassen (wenn auch nur einmal wöchentlich) und europäische Kleidung tragen. Diese Juden befolgen die religiösen Bräuche mehr aus Pietät als aus religiösem Bedürfnis: sie denken an Gott nur, wenn sie ihn brauchen, und es ist ihr Glück, daß sie ihn ziemlich oft brauchen. Unter ihnen finden sich Zyniker und Abergläubische, aber alle werden in bestimmten Situationen sentimental und in ihrer Gerührtheit rührend. Sie sind in Dingen des Geschäfts rücksichtslos gegeneinander und gegen Fremde – und doch braucht man nur an eine be-

stimmte verborgene Saite zu rühren, um sie opferwillig, gütig und human zu machen. Ja, sie können weinen, besonders in einem solchen Freilufttheater, wie es dieses war.
Die Truppe bestand aus zwei Frauen und drei Männern – und bei dem Versuch zu schildern, wie und was sie auf dem Podium aufgeführt haben, stocke ich. Das ganze Programm war improvisiert. Zuerst trat ein dünner, kleiner Mann auf, in seinem Gesicht saß die Nase wie ein Fremdes, sehr Verwundertes; es war eine impertinente, zudringlich fragende und dennoch rührende, lächerlicher Nase, eher slawisch als jüdisch, breite Flügel mit einem unvermutet spitzen Ende. Der Mann mit dieser Nase spielte einen Batlen, einen närrischweisen Spaßmacher, er sang alte Lieder und verulkte sie, indem er ihnen überraschende komische, widersinnige Pointen anhängte. Dann sangen beide Frauen ein altes Lied, ein Schauspieler erzählte eine humoristische Geschichte von Scholem Alechem, und zum Schluß rezitierte der Herr Direktor Surokin moderne hebräische und jiddische Gedichte lebender und jüngst verstorbener jüdischer Autoren; er sprach die hebräischen Verse und gleich darauf ihre jüdische Übersetzung, und manchmal begann er, zwei, drei Strophen leise zu singen, als sänge er so für sich, in seinem Zimmer, und es wurde totenstill, und die kleinen Kaufleute hatten große Augen und stützten das Kinn auf die Faust, und man hörte das Rauschen der Linde.
Ich weiß nicht, ob Sie alle die jüdischen Melodien des Ostens kennen, und ich will versuchen, Ihnen eine Vorstellung von dieser Musik zu geben. Ich glaube, sie am deutlichsten gekennzeichnet zu haben, wenn ich sie bezeichne als eine Mischung von Rußland und Jerusalem, von Volkslied und Psalm. Diese Musik ist synagogal-pathetisch und volkstümlich naiv. Der Text scheint, wenn er nur gelesen wird, eine heitere, flotte Musik zu erfordern. Hört man ihn aber gesungen, so ist es ein schmerzliches Lied, das »unter Tränen lächelt«. Hat man es einmal gehört, so klingt es wochenlang nach, der Gegensatz war ein scheinbarer, in Wirklichkeit *kann* dieser Text in keiner anderen Melodie gesungen werden. Er lautet:

Ynter die griene Beimelach
sizzen die Mojschelach, Schlojmelach,
Eugen wie gliehende Keulalach ...
(Augen wie glühende Kohlen)

Sie sitzen! Sie tummeln sich nicht etwa unter den grünen Bäumen. Tummelten sie sich – dann wäre der Rhythmus dieser Zeilen so flott, wie er es auf den ersten Blick zu sein scheint. Aber sie tummeln sich nicht, die kleinen Judenknaben.
Ich hörte das alte Lied, das Jerusalem, die Stadt singt, so wehmütig, daß ihr Schmerz über ganz Europa weit hinein nach dem Osten weht, über Spanien, Deutschland, Frankreich, Holland, den ganzen bitteren Weg der Juden entlang. Jerusalem singt:

Kim, kim Jisruleki I aheim (nach Hause)
in dein teures Land arain ...

Diesen Sang verstanden alle Kaufleute. Die kleinen Menschen tranken kein Bier und aßen keine Würste mehr. So wurden sie präpariert für die schöne ernste, sogar schwierige und manchmal abstrakte Poesie des großen hebräischen Dichters Bialik, dessen Lieder in fast alle Kultursprachen übersetzt sind und von dem eine Wiederbelebung der hebräischen Schriftsprache ausgegangen sein soll, die sie endgültig zu einer lebendigen macht. Dieser Dichter hat den Zorn alter Propheten und die süße Stimme eines jubelnden Kindes.

Trödler

Grenadierstraße/Ecke
Hirtenstraße
Aufnahme vor 1914

Jüdische Buchhandlung in der Grenadierstraße. Anfang der 20er Jahre wurde Berlin für kurze Zeit zu einem Zentrum der jiddischen und hebräischen Buch- und Zeitschriftenproduktion. An Verlagen entstanden: der Verlag Jüdische Arbeiterbuchhandlung, Jiddisch-Literarischer Verlag, Jüdischer Kulturverlag; die Kunstverlage Petropolis, Rimon und Schwellen, der Musikverlag Juwal, die Verlage Klal und Wostok und schließlich die hebräischen Verlage Stiebel, Dwir, Horeb und Omanut. Alle Verlage hatten ihr Hauptabsatzgebiet in Osteuropa und in amerikanischen Ländern. An Zeitschriften erschienen innerhalb weniger Jahre u. a. die »Jiddisch-Illustrierte Zeitung«, »Die Jüdische Emigracie«, »Die Jüdische Kooperacie«, »Der Misrach-Jid«; in russischer Sprache die zionistische Zeitschrift »Raswjet« und in hebräischer Sprache »Hatekufa« und »Reschumim«.

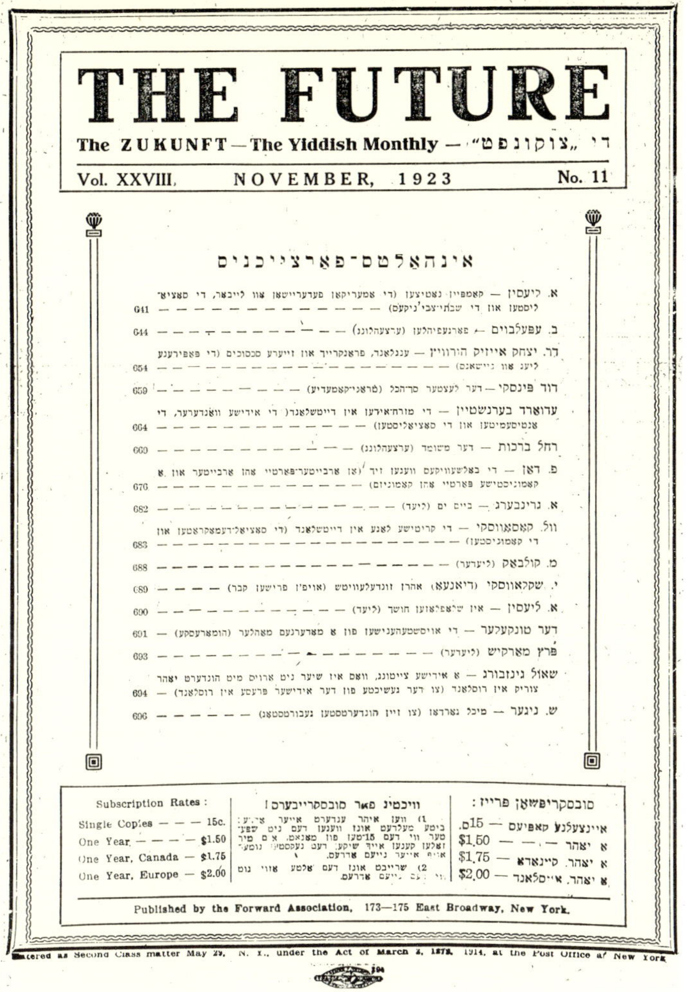

THE FUTURE

The ZUKUNFT — The Yiddish Monthly — „די צוקונפט"

Vol. XXVIII. NOVEMBER, 1923 No. 11

אינהאלטס־פארצייכניס

Subscription Rates:	ווי׳כטיג פאר סובסקרייבערס!	סובסקריפשאן פרייז:
Single Copies — — — 15c.	1) ווען איהר ענדערט אייער אדרעס, ביטע מעלדעט אונז ווענען דעם ניט שפעטער ווי דעם 15־טען פון מאנאט. אויב איהר זאלט קענען אייך שיקען דעם נעקסטען נומער אויף אייער נייעם אדרעס.	איינצעלנע קאפיעס — 15ס.
One Year — — — — $1.50	2) שרייבט אונז דעם אלטע אזוי גוט ווי דעם נייעם אדרעס.	א יאהר — — — $1.50
One Year, Canada — $1.75		א יאהר, קאנאדא — $1.75
One Year, Europe — $2.00		א יאהר, אייראפא — $2.00

Published by the Forward Association, 173—175 East Broadway, New York.

Entered as Second Class matter May 29, N. Y., under the Act of March 3, 1879, 1914, at the Post Office at New York

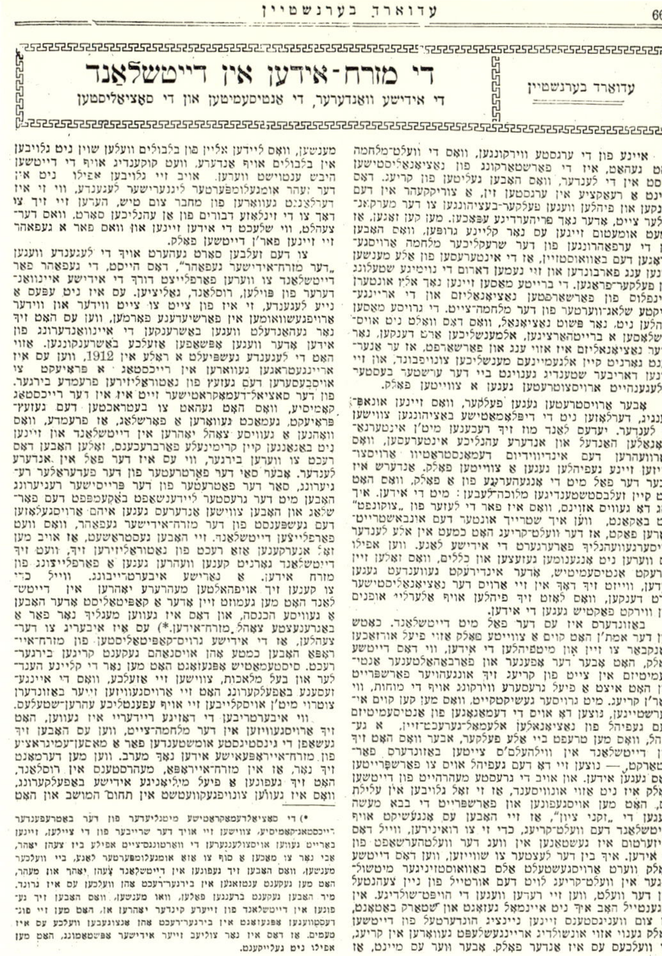

די מזרח־אידען אין דייטשלאנד

די אידישע וואנדערער, די אנטיסעמיטען און די סאציאליסטען

עדוארד בערנשטיין

איינע פון די ערגסטע ווירקונגען, וואס די וועלט־מלחמה האט געהאט, איז די פארשטארקונג פון נאציאנאליסטישען גייסט אין די לענדער, וואס האבען געליטען פון קריעג. דאס מיינט א רעאקציע אין ערגסטען זין, א צוריקקעהר אין דעם דענקען און פיהלען וועגען פעלקער־בעציהונגען צו דער מערקאנטילער צייט, אדער נאך פריהערדיגע עפאכען. מען קען זאגען, אז כמעט אומעטום זיינען עס נאר קליינע גרופען, וואס האבען פון די ערפאהרונגען פון דער שרעקליכער מלחמה ארויסגעטראגען דעם באוואוסטזיין, אז די אינטערעסען פון אלע מענשען זיינען ענג פארבונדען און זיי נעמען דארום די נויטיגע שטעלונג אין פעלקער־פראגען. די ברייטע מאסען זיינען נאך אלץ אונטער׳ן איינפלוס פון פארשארפטען נאציאנאליזם און די אריינגעפויקטע שלאג־ווערטער פון דער מלחמה־צייט. די גרויסע מאסען פיהלען ניט, נאר פשוט נאציאנאל, וואס דאס וואלט ניט אויסגעשלאסען א ברייטהארציגען, אלמענשליכען ארט דענקען, נאר זייער נאציאנאליזם איז אזוי ענג און פארשארפט, אז ער אנערקענט גארניט קיין אלגעמיינעם מענשליכען צונויפבונד, און זיי זיינען דעריבער שטענדיג גענויגט ביי דער ערשטער בעסטער געלעגענהייט ארויסצוטרעטען געגען א צווייטען פאלק.

אבער ארויסטרעטען געגען פעלקער, וואס זיינען אונאפהענגיג, דערלאזען ניט די דיפלאמאטישע באציהונגען צווישען די לענדער. יעדעס לאנד מוז זיך רעכענען מיט׳ן אינטערנאציאנאלען האנדעל און אנדערע ענהליכע אינטערעסען, וואס פארוועהרען דעם אינדיווידיום דעמאנסטראטיוו ארויסצוווייזען זיינע געפיהלען געגען א צווייטען פאלק. אנדערש איז אבער דער פאל מיט די אנגעהעריגע פון א פאלק, וואס האט ניט קיין זעלבסטשטענדיגען מלוכה־לעבען: מיט די אידען. איך זאג דא געוויס אזוינס, וואס איז פאר די לעזער פון „צוקונפט" גוט באקאנט, ווען איך שטרייך אונטער דעם אונבאשטרייטבארען פאקט, אז דער וועלט־קריעג האט כמעט אין אלע לענדער אויסערגעוועהנליך פארערגערט די אידישע לאגע. ווען אפילו עס ווערען ניט אנגענומען געזעצען און כללים, וואס זאלען זיין דירעקט אנטיסעמיטיש, אדער אינדירעקט געווענדעט געגען אידען, ווייזט זיך דאך אין זיי ארויס דער נאציאנאליסטישער ארט דענקען, וואס לאזט זיך פיהלען אויף אלערליי אופנים און ווירקט פאקטיש געגען די אידען.

באזונדערס איז עס דער פאל מיט דייטשלאנד. כאטש אין דער אמת׳ן האט קוים א צווייטע פאלק אזוי פיעל אורזאכען דאנקבאר צו זיין און מיטפיהלען די אידען, ווי דאס דייטשע פאלק, האט אבער דער אפענער און פארבאהאלטענער אנטיסעמיטיזם אין צייט פון קריעג זיך אונגעהויער פארשפרייט און האט איצט א פיעל גרעסערע ווירקונג אויף די מוחות, ווי פאר׳ן קריעג. מיט גרויסער געשיקטקייט, וואס מען קען קוים איבערשטייגען, נוצען דא אויס די דעמאגאגען פון אנטיסעמיטיזם דעם געפיהל פון נאציאנאלען אלעמאל־געדריקט־זיין. א געפיהל, וואס מען טרעפט ביי אלע פעלקער, אבער וואס האט זיך אין דייטשלאנד אין ווילהעלם׳ס צייטען באזונדערס פארשטארקט, — נוצען זיי דא דעם געפיהל אויס צו פארשפרייטען האס געגען אידען. און אויב די גרעסטע מעהרהייט פון דייטשען פאלק איז ניט אזוי אונוויסענד, אז זי זאל גלויבען אין עלילת דם, האט מען אויסגעפונען און פארשפרייט די בבא מעשה וועגען די „זקני ציון", אז זיי האבען עס אנגעשיקט אויף דייטשלאנד דעם וועלט־קריעג, כדי זי צו רואינירען, ווייל דאס קייזערטום איז געשטאנען אין וועג דער וועלטהערשאפט פון די אידען. איך בין דער לעצטער צו שווייגען, ווען דאס דייטשע פאלק ווערט ארויסגעשטעלט אלס באוואוסטזיניגער מיטשולדיגער אין וועלט־קריעג לויט דעם אורטייל פון ניין צעהנטעל פון דער וועלט, ווען זיי רעדען וועגען די הויפט־שולדיגע. אין געגענטייל האב איך ניט איינמאל געזאגט און שטארק באטאנט, אז צום ווענינגסטענס ניינציג הונדערטעל פון דייטשען פאלק זיינען אזוי אונשולדיג אריינגעשלעפט געווארען אין קריעג, ווי וועלכעס עס איז אנדער פאלק. אבער ווער עס מיינט, אז מענשען, וואס ליידען אליין פון בלבולים וועלען שוין ניט גלויבען אין בלבולים אויף אנדערע, וועט קוקענדיג אויף די דייטשען היבש ענטוישט ווערען. אויב זיי גלויבען אפילו ניט אין דער זעהר אומגעלומפערטער ליגנערישער לעגענדע, ווי זי איז דערלאנגט געווארען פון מחבר צום טיש, הערען זיי זיך צו דאך צו די זינלאזע דבורים פון אן ענהליכען סארט. וואס דערצעהלט, ווי שלעכט די אידען זיינען און וואס פאר א געפאהר זיי זיינען פאר׳ן דייטשען פאלק.

צו דעם זעלבען סארט געהערט אויך די לעגענדע וועגען „דער מזרח־אידישער געפאהר", דאס הייסט, די געפאהר פאר דייטשלאנד צו ווערען פארפלייצט דורך די אידישע איינוואנדערער פון פוילען, רוסלאנד, גאליציען. עס איז ניט עפעס א נייע לעגענדע, זי איז פון צייט צו צייט ווידער און ווידער ארויסגעשוואומען אין פארשיעדענע פארמען, ווען עס האט זיך נאר געהאנדעלט וועגען באשרענקען די איינוואנדערונג פון אידען אדער וועגען אפשאפען אזעלכע באשרענקונגען. אזוי האט די לעגענדע געשפיעלט א ראלע אין 1912, ווען עס איז אריינגעטראגען געווארען אין רייכסטאג א פראיעקט צו אויסבעסערען דעם געזעץ פון נאטוראליזירען פרעמדע בירגער. פון דער סאציאל־דעמאקראטישער זייט איז אין דער רייכסטאג קאמיסיע, וואס האט געהאט צו בעטראכטען דעם געזעץ־פראיעקט, געמאכט געווארען א פארשלאג, אז פרעמדע, וואס וואהנען א געוויסע צאהל יאהרען אין דייטשלאנד און זיינען ניט באגאנגען קיין קרימינעלע פארברעכענס, זאלען האבען דאס רעכט צו ווערען בירגער, ווי עס איז דער פאל אין אנדערע לענדער. אבער סיי דער פארטרעטער פון דער פעדעראלער רעגיערונג, סיי דער פארטרעטער פון דער פרייסישער רעגיערונג האבען מיט דער גרעסטער ליידענשאפט באקעמפט דעם פארשלאג און האבען צווישען אנדערעס געגען איהם ארויסגעלאזען דעם געשפענסט פון דער מזרח־אידישער געפאהר, וואס וועט פארפלייצען דייטשלאנד. זיי האבען געסטראשעט, אז אויב מען זאל אנערקענען אזא רעכט פון נאטוראליזירען זיך, וועט זיך דייטשלאנד גארניט קענען וועהרען געגען א פארפלייצונג פון מזרח אידען. א נארישע איבערטרייבונג. ווייל כדי צו קענען זיך אויפהאלטען מעהרערע יאהרען אין דייטשלאנד האט מען געמוזט זיין אדער א קאפיטאליסט אדער האבען א געוויסע הכנסה, און דאס איז געווען מעגליך נאר פאר א באגרענעצטע צאהל „מזרח־אידען.*) עס איז איבעריג צו דערצעהלען, אז די אידישע גרויס־קאפיטאליסטען פון מזרח־אייראפא האבען כמעט אהן אויסנאהם געקענט קריגען בירגער־רעכט. סיסטעמאטיש אפגעזאגט האט מען נאר די קליינע הענדלער און בעל מלאכות, צווישען זיי אזעלכע, וואס די איינגעזעסענע באפעלקערונג האט זיי ארויסגעוויזען זייער באזונדערן צוטרוי מיט׳ן אויסקלייבען זיי אויף עפענטליכע עהרען־שטעלעס.

ווי איבערטריבען די דאזיגע ריידעריי איז געווען, האט זיך ארויסגעוויזען אין דער מלחמה־צייט, ווען עס האבען זיך געשאפען די גינסטיגסטע אומשטענדען פאר א מאסען־עמיגראציע פון מזרח־אייראפעאישע אידען נאך מערב. ווען מען דערמאנט זיך נאר, אז אין מזרח־אייראפא, מעהרסטענס אין רוסלאנד, האט זיך געפונען א פיעל מיליאניגע אידישע באפעלקערונג, וואס איז געווען צונויפגעקוועטשט אין תחום המושב און האט

*) די סאציאלדעמאקראטישע מיטגליעדער פון דער באטרעפענדער רייכסטאג־קאמיסיע, צווישען זיי אויך דער שרייבער פון די צייל׳ען, זיינען בארייט געווען אויסצולענגערען דיווארטונגס־צייט אפילו ביז צעהן יאהר, אבי נאר צו מאכען א סוף צו אזא אומגעלומפערטער לאגע, ביי וועלכער מענשען, וואס האבען זיך געפונען אין דייטשלאנד צעהן יאהר און מעהר, האט מען געקענט ענטזאגען אין בירגער־רעכט אהן וועלכען עס איז גרונד. מיר האבען געקענט ברענגען פאלען, וואו מענשען, וואס האבען זיך געפונען אין דייטשלאנד פון זייערע קינדער יאהרען אן, האט מען זיי פונדעסטוועגען אפגעזאגט אין בירגער־רעכט אהן אנצוגעבען וועלכע עס איז טעמים. אז דאס איז נאר צוליעב זייער אידישער אפשטאמונג, האט מען אפילו ניט געלייקענט.

Artikel von Eduard Bernstein, einem Repräsentanten der deutschen Sozialdemokratie, über die Ostjuden in Deutschland in jiddischer Übersetzung: Die Misrach-Jidden in Deitschland. Die jiddischen Wanderer, die Antisemiten und die Sozialisten. Der Artikel erschien 1923 in der jiddischen Monatsschrift »Die Zukunft« in New York.

Max Fürst

Die Mulakei

Die Mulakstraße und Umgebung war eines der berüchtigsten Viertel von Berlin. Früher nannte man es das Scheunenviertel. Als ich 1927 nach Berlin kam, mietete ich ein Zimmer in der Münzstraße, Ecke Kaiser-Wilhelm-Straße. (Als ich wiederkam, hieß sie Karl-Liebknecht-Straße.) Sie führte zum Bülow-Platz (heute Rosa-Luxemburg-Platz). Diese Gegend, Rückerstraße, Alte Schönhauserstraße, Linienstraße, Gipsstraße, Auguststraße, Rosenthaler Platz, Schönhauser Tor, Artilleriestraße und Grenadierstraße, bildete das Zentrum des damaligen Judenviertels. Es war einmal eine gut bürgerliche Gegend gewesen, um die Jahrhundertwende, wie man bei Fontane nachlesen kann. Zu meiner Zeit waren die wohlhabenden Bürger, auch die Juden unter ihnen, schon längst in den Berliner Westen gezogen. Geblieben waren die ärmeren Geschäftsleute und Juden, die noch nicht lange in Berlin seßhaft waren. Es war eine Gegend der kleinen Leute und eine sehr volkreiche dazu. Immer waren die Straßen, auf die viele kleine und kleinste Lädchen hinauswucherten, voller Leute, die zur Arbeit gingen oder von ihr kamen, immer standen Huren herum, die aber wie alle anderen zum Straßenbild gehörten und an denen keiner Anstoß nahm. Es gab auch Warenhäuser: Tietz und Wertheim, große Fabrikhäuser, Textilbetriebe und en-gros-Geschäfte, da war die Volksbühne auf dem Bülowplatz und gegenüber das Karl-Liebknecht-Haus, die Zentrale der Kommunistischen Partei, daneben das große Kino Babylon und dann die vielen kleinen Cafés, zum Beispiel das Rosencafé am Rosenthaler Platz. Die »Mulakei« oder der »Ochsenkopf« an der Ecke Rückerstraße war ein altes Gebäude mit drei großen Hinterhäusern. Ich weiß nicht, ob es wahr ist, was man mir damals erzählte, aber es könnte schon wahr sein, daß es zur Zeit des Alten Fritzen eine Kaserne war, später ein Arbeitshaus, in das man Herumtreiber einsperrte. Aus dieser Zeit stammt der Name Ochsenkopf. Als es Arbeitshäuser nicht mehr gab oder es dafür nicht mehr zu gebrauchen war, wurde es an arme Leute vermietet. Da wohnten dann Juden, Zigeuner, Huren und meine Freundin Hannchen. Im Hof befanden sich eine Schmiede und die Toiletten (ein viel zu feines Wort für diese Örtlichkeiten).

Hinterhof in der Linienstraße 27. Aufnahme um 1934

Das Haus »Zum Ochsenkopf« in der Rückerstraße. 1931

Die Mulackstraße galt als die verrufenste Straße des Viertels.
Hier ein Hof zwischen den oft niedrigen Häusern. Aufnahme um 1910

Martin Beradt

Die Betstube

Das Viertel war voll von Winkelbetstuben, an Bethäusern gab es zwei. Das Bethaus der Gasse wahrte die strengere Überlieferung und zog deshalb viele aus den Nachbargassen an. Man durchschritt den Flur von Joels Gasthaus und fand über dem Hof eine Art von großem Schuppen, gegen ein Haus gelehnt. Regengüsse hatten an den Wänden die Ziegel bunt- und den Mörtel ausgewaschen. Vielfach steckten die Ziegel locker in den Wänden. Manche waren ausgehoben. Der Fuß trat auf löcherigen Asphalt. Die Torflügel schwangen in ausgeleierten Angeln, immer auf die Stöße eines Fußes; niemand öffnete mit der Hand.
In der Mitte war eine Erhöhung angebracht, von hier wurde am Sabbat der Wochenabschnitt verlesen. Der Vorbeter sang vorn an einem Pult. Zwei kleine Treppen führten links und rechts zu einer Lade, die in die Wand eingelassen war; hier standen die heiligen Rollen, aufrecht oder gegen die Wand gelehnt, auch sie durften nicht schwanken im Exil.
In drei durch Gänge abgeteilten Zügen zogen sich Bänke und Betpulte bis nach vorn. Unnachgiebig gegen sich hatte hier eine Anzahl Männer den Vormittag über gebetet und die Klagelieder hervorgestöhnt und -geweint, jetzt waren sie, schon lange vor Beginn des Gottesdienstes vor dem Bethaus erschienen, gingen auf dem Hof spazieren und warteten auf das Anzünden des Lichts als das Zeichen. Andere traten ein, gingen im Halbdunkel vor ihren Pulten auf und ab oder wanderten wieder auf den Hof zurück.
Noch wenige Minuten, und der Gottesdienst begann. Sofort verlor sich der Austausch durch die Tür. Jeder setzte sich an seinen Platz, die Torflügel blieben offen, da der Menschen zu viele wurden, sie standen bis auf den Hof. Unter vielen Hunderten von Blicken hatte ein Diener eine Kerze nach der anderen entzündet. Matt leuchtete dazu, von dem Gebälk der Decke, die dunkelrote ewige Lampe. Geschenk eines Stifters, den die Kunst der Ärzte einst gerettet.
In der herkömmlichen Weise ließen die Beter den Körper von dem vorgesetzten rechten Fuß auf den zurückgestellten linken schwingen. Die nicht abbrechende Bewegung sollte das Blut erregen und erregte es. Immer lauter wurden die Stimmen. Auf den innersten Pultplätzen der Reihen preßten die Männer die Stirnen gegen die Wand, wo der Anhauch des Atems in Wassertropfen niederrann, oder reckten die Arme an ihr empor und schüttelten um Erbarmen abwechselnd die Rechte und die Linke. Als der Gottesdienst fortschritt zu dem Gebet von den achtzehn Lobpreisungen Gottes, schrien alle auf bei dem Bekenntnis ihrer Sünden und schlugen die Brust mit der geballten Faust. In Andacht schwoll eine Stimme über die andere hinaus, eine zweite jagte nach und riß sie herab. Eine dritte stieg in die Luft. Zu höchsten Höhen aufgestiegen, wurde sie ebenso heruntergeholt und zerfleischt. Wie anwälzende See rollten die Stimmen auf die Wände, entfesselten und ergossen sich bis in die Dachsparren, wogten durcheinander, überstürzten sich, schaurig in der Regellosigkeit des Wahnsinns. Auf einmal, als man erwartete, es müßten alle verzweifelt innehalten vor Erschöpfung, hoben sich zwei Männer in die zusammengenommenen Spitzen ihrer Füße, heulten mit aufgehobenen Händen und schleuderten den Gesang auf eine Art hinaus, als gelänge es jetzt, als liefe mit der heiser geschrienen Stimme die Seele aus dem Körper unmittelbar durch die Decke zum Firmament.

Verkauf religiöser
Bücher im Hauseingang
des Bethauses der
»Agudat Israel«, einer
Vereinigung streng-
orthodoxer Juden.

Synagoge
Kleine Auguststraße

Kleine August-
straße Nr. 10.
Ein Schatten auf der Brandmauer ist von der Synagoge zurückgeblieben, weiter nichts. Keine Gedenktafel findet man, dafür ein Hinweisschild des verdinglichten Denkens:

»VMI Objekt ›Kleine Auguststraße‹. Dieses Objekt wurde von Bürgern des WBA 24 Berlin-Mitte im VMI geschaffen.«

Ankunft in Berlin 1928. Wahrscheinlich das Gefolge eines durchreisenden chassidischen Rabbiners, der, wie der berühmte Belzer Rebbe, R. Isachar Dow Rokach, für eine Weile bei seinen Anhängern im Scheunenviertel richtiggehend Hof hielt.

Sukkoth (Laubhütten-
fest) 1933.
Verkauf von Ethrog
(Paradiesäpfel) und
Lulaw (Palmzweige) in
der Grenadierstraße

Von den National-
sozialisten demolierte
Betstube. 1939

Ruine einer Synagoge in der Grenadierstraße. Der Krieg hat die vorhergegangenen Zerstörungen durch die Nationalsozialisten kaum verschlimmert.
Aufnahme 1945

Innenhof im ehemaligen orthodoxen Rabbinerseminar der Artilleriestraße (heute Tucholskystraße)

Führer
durch das Haus
Auguststraße 14–15

Vorderhaus links parterre, I. Stock und Hof links I. Stock:
II. Mädchenwohnheim des Verbandes Berlin des Jüdischen Frauenbundes.

Vorderhaus rechts I. Stock:
Tagesheim für Säuglinge.

Vorderhaus rechts II. Stock:
Chewra Kadischa Groß-Berlin.

Quergebäude Keller, rechts:
Kochschule der Jüdischen Gemeinde.

Quergebäude parterre, I. Stock und II. Stock rechts, Hof links I. Stock:
Jüdisches Kinderheim »Ahawah«.

Quergebäude II. Stock links:
Arbeitsstube für Frauen und Mädchen: Nähstube.

Quergebäude rechts II. Stock:
Zahnklinik und orthopädischer Turnsaal der Jüdischen Kinderhilfe.

Hof links, parterre:
Kinderstube des Wohlfahrtsamtes der Jüdischen Gemeinde.

Hof links, II. Stock:
Jüdisches Mädchenheim »Ahawah«.

II. Hof links parterre:
Kindergarten Agudas Jisroel.

Nebenhaus Nr. 16, Keller:
Kleiderkammer »Peah« der Jüdischen Gemeinde.

(aus: Jüdisches Jahrbuch 1928)

Heute befindet sich in dem Gebäudekomplex eine Hilfsschule und die »Max Planck« Oberschule. Aufnahme 1980

Inge Unikower

Gerschon macht deutsche Erfahrungen

Hutkaufmann! Gehöhnt hat der Beamte auf dem Polizeipräsidium, wo Gerschon vierteljährlich die Verlängerung der Aufenthaltserlaubnis beantragen muß. »Händler sind Sie! Können Sie denn eine Lehre oder eine Ausbildung nachweisen? Händler sind Sie, wie Ihr Galizianer alle, das verfluchte Pack, das uns auf der Pelle liegt!« Nicht einmal als Ladeninhaber kann sich der kleine Gerschon ausweisen. Weil er noch nicht mündig ist, läuft das Gewerbe auf den Namen des Onkels Markowitsch vom Moritzplatz. Auch Galizianer ist Gerschon nicht. Lódź liegt weit westlich von Galizien. Das sagen wir nur, um den Beamten in Geographie zu korrigieren, sonst macht es nichts aus. Doch jedesmal trifft Gerschon das grobe, überhebliche Wort wie ein Dolchstich, jedesmal, alle Vierteljahr wieder und manchmal öfter, wenn nämlich die Bewilligung aus unerfindlichem Grunde nicht erfolgt und er sofort den neuen Antrag stellen muß. Solange ein Antrag läuft, ist der Antragsteller gedeckt. Schließlich wird die Aufenthaltsgenehmigung doch wieder verlängert, und unerfindlich ist, warum diesmal und vier Wochen zuvor nicht. Dahinter steckt doch wohl Schikane.

Ich will um nichts in der Welt Händler sein, hab es nie sein wollen, weißt du ja, sagt Gerschon. Aber es ist doch auch nichts Schlechtes, ein ehrlicher Händler zu sein. Was wollten viele Leute machen, wenn ihnen die Händler nicht brächten, was gebraucht wird. Sind die christlichen Händler besser als die jüdischen? Und überhaupt, sind meine Leute denn alle Händler? Handwerker sind die meisten, Stubenmaler, Klempner, Tischler, Zimmerer, Schneider sehr viele und teils ganz ausgezeichnete, Schuhmacher und Weber gibt es, vor allem auch Glaser und Fleischer, nicht gerechnet die vielen Studenten.

Das eben, Gerschon, ist es, was du nicht siehst. Die da wie du in den Kriegsjahren und schon zuvor aus dem Osten gekommen und den Behörden ein Dorn im Auge waren, sind zuallermeist im Grunde genommen Arbeiter. Sie vergrößern das Proletariat, das sich in den Städten zusammenballt, vor allem in Berlin und in seinen ärmsten Vierteln. Dort sammelt sich Zündstoff, dort wird der Ruf nach notwendigen sozialen Veränderungen immer unüberhörbarer und stärker. Dagegen hat die Polizei etwas und - wie wir wissen - auch die nach der mißlungenen Revolution in rascher Folge wechselnden Regierungen der Weimarer Republik.

Unter den eingewanderten Juden sind welche, die gar nichts gelernt haben, sich nun in An- und Verkauf versuchen, und darunter gibt's sicher einige ausgesprochene Nichtsnutze und Abenteurer, nicht mehr und nicht weniger, als bei den Deutschen auch vorkommen. Aber die jüdischen Nichtsnutze fallen mehr auf. Sie sind ohnehin unerwünschte Staatenlose, und ihr schlechtes Deutsch klingt anders als das schlecht sprechender Deutscher.

Gerschon und der Kulturverein »Progreß«

Es wäre jedoch über das Leben des kleinen Gerschon im Berlin zu Anfang der zwanziger Jahre nur halb berichtet, vergäßen wir den Kulturverein Progreß ...

Der ist inzwischen eine Institution geworden, berichtet Gerschon. Achtzig bis hundert Hörer haben wir bei unseren Bildungsvorträgen. Für die mieten wir einmal wöchentlich den großen

Grenadierstraße

Karikatur von
Karl Arnold.
Simplizissimus 1921

Saal unseres Gastwirtes. Die Unkosten decken wir aus den Eintrittsgeldern und freiwilligen Beiträgen. Die meisten Referenten stellen sich uns umsonst zur Verfügung. Epstein wirbt in seinem journalistischen Bekanntenkreis und ich Referenten im Klub der jüdischen Studentenvereinigung. Dadurch ist unser Programm sehr bunt. Wir nehmen, was sich an Vorträgen bietet.
Es lesen und diskutieren bei ihnen zum Beispiel Else Lasker-Schüler und David Bergelson. Erstere eine deutsche Dichterin aus einer westdeutschen Bürgerfamilie, fast kann man sagen, einer großbürgerlichen, nun unübersehbar Boheme. Aber mit ihren hebräischen Balladen, die sie vorträgt, zaubert sie wieder die geistige Welt herauf, der die jungen Leute entflogen und – entflohen sind. Der expressive Sprach- und Vortragsgestus verwundert unsere jungen Leute nicht. Den sind sie gewohnt. Übersteigerte Darstellungsart ist ihnen schon aus dem religiösen Ritus bekannt. Doch befremdet und verwundert sie das seltsame Blühen dieser Sprache.
Wenn sie ihre Verse über unsere altvertrauten biblischen Gestalten vortrug, erzählt Gerschon, sahen wir uns an und hörten die deutsche Sprache wie einen Gesang von Worten, doch drang er nicht in unsere Herzen. Sie stand da, klein und zart, ganz in schwarzen, glänzenden Stoff gekleidet, mit kurz geschnittenem Haar – was damals noch nicht Mode war –, mit großen Schwermutaugen und wie entrückt. Wir verstanden sie wohl, aber sie war uns fremd wie aus einer anderen Welt. Viele ihrer Gedichte waren eine große Klage, aber eine hoffnungslose. Wir wollten nicht hoffnungslos sein.
Lomich gemacht, sagte einer unserer Jungen, als sie fort war. Das heißt: Laß mich! Im Sinne von: Verschon mich. Dazu gehört eine wegwerfende Handbewegung, von der man sagt, eine typisch jüdische. Das sind eben Jekkes, also deutsche Juden, und was verstehen die schon von uns. Diese Else Lasker kam uns weltfremd vor, fern unserer Realität. Wir waren zu hart geprügelt worden, um uns erheben zu können zu solchem Überschwang von Phantasie. Unter Tränen hab ich allenthalben Bialiks »In der Stadt des Würgens« vorgetragen, das er geschrieben hat nach dem Pogrom von Kishinew 1905, und hab zwei Jahre gebraucht und es immer wieder für mich gesprochen, bis ich es hab darbringen können, ohne die Fassung dabei zu verlieren. Er ist mein Dichter, hat in brennenden, schmerzlichen Worten aufgeschrieben, wie es ausgesehen hat nach den Pogromen in den Häusern und Städten und in den Menschen. Wie es weitergehen soll, hat er die Menschen aufgerufen zu antworten, für uns alle.
Lomich gemacht haben wir auch bei Arno Nadels Gedichten. Aber seine Lieder haben wir gern gesungen, wenn er am Klavier saß bei unserem Gastwirt in der Landsberg Allee. Magda ist zu ihm nach Haus gegangen, hat sich alle Noten geben lassen und hat diese jüdischen Lidlach so heimatlich gesungen, daß es mir tief ins Herz gegangen ist, berichtet Gerschon.
Und dann kommt David Bergelson. Welch Gegensatz zu Else Lasker-Schüler. Er ist Sozialist und Realist, ein jiddischer Romancier aus der Ukraine und zu der Zeit in Berlin. 1922 und 1923 sind seine bekanntesten Romane »Rings um den Bahnhof« und »Ende vom Lied« herausgekommen. Später ist er dann wieder in die Sowjetunion übergesiedelt. Er schildert in seinen Büchern den Untergang der alten Welt und beweist, daß im Kampf zwischen den alten bourgeoisen, den feudalistischen wie den kapitalistischen Verhältnissen die neue revolutionäre Ordnung siegen muß. Wie sollte es sonst anders werden in den Städten und Dörfern des Ostens und ihrem Elend und dem Elend in der Welt, wenn nicht eine neue, sozialistische Welt mit einem neuen Menschen aufkommt, der diese neue Welt schafft, sich für sie einsetzt und dafür kämpft. Das war bei David Bergelson wie in Bildern gemalt, berichtet Gerschon, und das Ziel sahen unsere Jungen als das ihre und lauschten aufmerksam dem russisch-litauischen Jiddisch, das Bergelson sprach. Ich hatte mir das litauische Jiddisch auch angewöhnt, nachdem ich als Laienschauspieler auftrat, während zu

Der »Kulturverein Progreß« 1923/24

Jüd.-Literarischer Abend
Kultur-Verein Progress

Sonnabend, den 5. Januar 1924, 7½ Uhrabds findet im gr. Saal des zion. Heims, Landsberger Str. 89 ein

Vortrag des Herrn Prof. Dr. Stermann

über das Thema „**Die Klacze**“ von Mendele Mocher Sfarim, statt.

Dio Kultur-Kommission.

Verband der Ostjuden

Zugunsten seines Hilfswerkes

Dienstag, den 3. Januar 1922, abends 8 Uhr

Elite-Aufführung des Jüd. Künstler-Theaters

Erstmalig

„Der Dorfsjung"

Schauspiel in 4 Akten von Leon Kobrin, unter Mitwirkung der hervorragendsten Kräfte des Jüdischen Künstler-Ensembles.

Karten zu haben im Büro des Verbandes der Ostjuden, Auguststraße 17, Zimmer 21. (Telephon: Norden 4244) und an der Abendkasse.

Hause polnisch-jiddisch gesprochen wurde. Das litauische Jiddisch war gewissermaßen unsere Hochsprache.
Aber auch bei David Bergelson blieb unsere Frage offen: Was machen wir hier in unserer Situation?

Gerschon, Alexander Granach und das jiddische Theater

Aber noch sind wir in Berlin vor dem Höhepunkt der Inflation. Bald wird man mit einem passablen Geldschein nicht mal mehr eine Straßenbahn-Fahrkarte bezahlen können. Noch blüht und gedeiht der Kulturverein Progreß. Seine große Wanderung hat noch nicht begonnen. Das Schönste waren damals, berichtet Gerschon, die zahlreichen persönlichen Begegnungen mit dem Schauspieler Alexander Granach vom Deutschen Theater. Er hatte die künstlerische Oberleitung unseres Studios für Laienspiel – wie wir es großspurig nannten – übernommen. Es bestand aus sechs Mitgliedern, und ich war der jugendliche Liebhaber. Unser Probenraum lag in der Rosenthaler Straße 40–41 am Hackeschen Markt, hinten rechts auf einem der Fabrikhöfe. Wir spielten Einakter von berühmten jiddischen Schriftstellern wie Scholem Alejchem, Perez, Schalom Asch und Perez-Hirschbein und alte Piecen aus dem vorigen Jahrhundert, so, wie heute in der Volksbühne wieder alte Farcen aufgeführt werden. Natürlich waren alle begeisterte Theaterfreunde. Nicht selten sprach Alexander Granach für uns noch einmal einen Ausschnitt aus einer großen Solorolle. Hin und wieder besorgte er uns Freikarten für das Deutsche Theater, so daß auch die Allerärmsten nicht zurückstehen mußten.
Wir bewundertern ihn, und wir liebten ihn sehr. Wenn er nach fröhlichem Umtrunk in die Hände klatschte, bildeten wir einen großen Kreis um ihn, und er spielte die Rolle des Vorsängers. Unter seiner Regie tanzten und sangen wir dann den Fortgesang und den

Krawalle im Berliner Zentrum.

Antisemitische Ausschreitungen.

Was man im Deutschland vor dem Kriege für völlig unmöglich gehalten hatte, was unter der planmäßigen antisemitischen Hetze seit 1918 sich langsam vorbereitete und in weiteren Orten, auch außerhalb des Hitlerschen Machtbereiches, schon hier und da zum Ausbruch gekommen war, das ist gestern nun auch in der Reichshauptstadt Wirklichkeit geworden: Die Plünderungen im Scheunenviertel, über die wir bereits im Abendblatt Mitteilung machten, haben sich als ernster herausgestellt, als es zuerst schien; sie nahmen ganz offensichtlich pogromartigen Charakter an. Die Vorgänge spielten sich, soweit sich bisher übersehen läßt, folgendermaßen ab:

Am Vormittag gegen 11 Uhr stauten sich vor dem Arbeitsamt in der Alexanderstraße Zehntausende von Erwerbslosen, weil es hieß, daß das Amt Unterstützungsgelder ausgeben würde. Eine halbe Stunde später wurde jedoch mitgeteilt, daß **kein Geld vorhanden** sei. Der Menge bemächtigte sich eine große Erregung, und diesen Augenblick benutzten, wie einwandfrei festgestellt worden ist, gewerbsmäßige Agitatoren, um überall herumzuerzählen, daß die in der Münz-, Dragoner- und Grenadierstraße ansässigen „Galizier" das von der Stadt besonders zur Erwerbslosenfürsorge herausgegebene wertbeständige Notgeld planmäßig aufgekauft hätten. Diese Hetzreden fanden Boden, und wenige Minuten später, etwa gegen zwölf Uhr mittags, begannen dann auch die **Plünderungen jüdischer Geschäfte und Wohnungen**. Ehe die erschreckten Bewohner dieser Gegend ihre Geschäfte schließen konnten, drangen Haufen besonders jugendlicher Burschen in die Läden und Zimmer ein, prügelten die Bewohner, zogen ihnen die Kleider vom Leibe und flohen. Dieses Treiben wurde systematisch etwa eine Stunde von Haus zu Haus fortgesetzt, ehe die Schutzpolizei alarmiert war. Jeder auf der Straße gehende jüdisch aussehende Mensch wurde von einer schreienden Menge **umringt, zu Boden geschlagen und seiner Kleider beraubt**. Ein besonders krasser Fall spielte sich in der Münzstraße ab, wo man einen jungen Juden verfolgte, ihn bis aufs Hemd auszog und halb tot schlug. Er wurde schließlich in Schutzhaft genommen und aufs Polizeipräsidium transportiert.

Inzwischen waren auf Lastautomobilen bedeutende Verstärkungen der Schutzpolizei eingetroffen, die besonders gefährdete Teile der Grenadier-, Linien- und Dragonerstraße absperrten.

Gegen 2 Uhr wurde eine Anzahl von Herren im Scheunenviertel von der Menge schwer mißhandelt. Dabei fiel ein Schuß. Einer der Beteiligten, Dr. H. B., der seine ärztliche Praxis in der bedrohten Gegend ausübt, teilt uns über seine Erlebnisse mit:

„Wer den Schuß abgegeben hat, weiß ich nicht. Jedenfalls war er das Signal für die Menge, erneut über uns herzufallen. Wir wehrten uns, so gut es ging. Ein Automobil mit einem Major und zwei Schupoleuten erschien. Der Mob stob auch im selben Augenblick zurück. Der Major gab aber sofort das Zeichen, weiter zu fahren, obwohl es den Beamten mit unserer Unterstützung, zu der ich mich erbot, ein Leichtes gewesen wäre, Ordnung zu schaffen. Das Auto trug die Nummer I A 6108. Danach bedrängte die Menge uns verstärkt, bis ein größeres Auto mit Schupomannschaften erschien. Die Schupomannschaften schritten unter dauernden Mißhandlungen schwerster Art zu unserer Verhaftung. In der Kaserne in der Alexanderstraße auf dem Hofe mußten wir inmitten von ungefähr 200 Schupobeamten mit erhobenen Händen Aufstellung nehmen und wurden wiederum schwer mißhandelt. Mir selbst ist der Mittelhandknochen der rechten Hand zerbrochen worden. Ich habe vier Jahre an der Front als Arzt mitgemacht, bin Schwerverwundeter, bin im Besitz des Eisernen Kreuzes II. und I. Klasse und des Sächsischen Ritterordens. Die Zustände machten auf mich nicht den Eindruck, als ob ich mich in einem Rechtsstaat befände."

Oberst **Kaupisch** erklärte uns auf die Frage, wie er das Verhalten der Schutzpolizei während der gestrigen Plünderungen und Krawalle im Scheunenviertel beurteile, daß er eine antisemitische Einstellung der Schutzpolizei sowohl bei den Mannschaften wie im Offizierskorps für vollkommen ausgeschlossen halte. Der Kommandeur der gestern im Scheunenviertel eingesetzten Polizeimannschaften, Major Strebe, sei als politisch liberal bekannt. Das Vorgehen der Beamten im Scheunenviertel sei durch die Eigenart der Verhältnisse sehr erschwert worden, da es sich zumeist um Erwerbslose handelte, die über die Nachricht, daß kein Geld für sie vorhanden sei, aufs äußerste erregt waren. Oberst Kaupisch hat gestern nachmittag einen strengen Tagesbefehl an die Beamten herausgeben lassen, in dem er sie auffordert, das Gut und Leben jedes bedrohten Bürgers, gleichgültig welcher Konfession, unbedingt mit allen Machtmitteln zu schützen. Da die Plünderungen in den verschiedenen Stadtgegenden auch am gestrigen Nachmittag eher zu als abnahmen, hat der Kommandeur außerdem den höchsten Grad der Alarm-Bereitschaft für die Groß-Berliner Schutzpolizei angeordnet.

Den von uns vorstehend gebrachten Fall des Arztes Dr. B. wird Oberst Kaupisch sofort aufs strengste untersuchen lassen. Der Kommandeur betonte noch einmal zum Schluß, daß er jede Garantie dafür übernehme, daß die Berliner Schutzpolizei von antisemitischen Strömungen frei sei.

Nachts im Scheunenviertel.

Die Läden sind längst geschlossen. Vor der Zentralmarkthalle ist alles ruhig. Zwei Posten mit vorgehaltenem Karabiner lassen niemanden durch. Auf dem Alexanderplatz selbst ist wenig zu merken. Der Menschenstrom, dunkle Gestalten, die aus allen Stadtteilen gekommen sind, zieht in die Richtung zur Alexanderkaserne, zur Münzstraße und ballt sich an der Prenzlauer Allee. Nur die Hausbewohner des abgesperrten Gebietes werden nach Vorzeigung eines Ausweises durchgelassen.

An der Kaserne vorbei. In den Querstraßen überall eine heulende Menge. Es wird im Dunkeln geplündert. Ein Schuhwarengeschäft an der Ecke der Dragonerstraße ist ausgeraubt, die Scherben der Fensterscheiben liegen auf der Straße umher. Plötzlich ertönt ein Pfiff. In langer Kette, die die Breite der ganzen Straße einnimmt, rückt ein Kordon der Schutzpolizei vor. „Straße frei!" ein Offizier ruft: „In die Häuser treten". Die Menge geht langsam weiter. Ueberall mit denselben Schreien: „Schlagt die Juden tot!" Agitatoren haben das verhungerte Volk lange genug bearbeitet, daß es sich auf jene armseligen Gestalten stürzt, die in einem zerfallenen Keller in der Dragonerstraße ihren elenden Produktenhandel betreiben. In die Grenadierstraße wird niemand hineingelassen. Die Posten, alle mit vorgehaltenen Gewehren, treiben barsch zum Weitergehen an. In der Mitte der Straße, die durch trübe Gaslaternen nur notdürftig erleuchtet ist, brennt ein helles Feuer. Im Hintergrund sieht man die Silhouette der schreienden Masse.

Es ist aufgepeitschter Rassenhaß, nicht Hunger, der sie zum Plündern treibt. Jedem Passanten mit jüdischem Aussehen gehen sofort einige junge Burschen nach, um ihn im gegebenen Augenblicke anzufallen.

*

Die Plünderungen erstrecken sich fast auf alle Stadtteile, besonders zahlreich waren sie im Norden und Osten, aber auch im Westen und im Zentrum kamen mehrere Fälle vor. Besonders hatten es die Plünderer auf Lebensmittelgeschäfte abgesehen, aber auch Zigarrenläden, Stofflager und Konditoreien wurden angegriffen und geplündert. In manchen Fällen konnten Plünderer von der Schupo festgenommen werden, darunter auch Frauen. Die Ansammlungen waren auch bei Anbruch der Nacht noch nicht beendet.

Völkische Agitatoren mit Ueberfallkommandos.

Zu den bereits geschilderten Plünderungen und Unruhen erfahren wir noch folgendes:

Der Geschäftsführer des Verbandes Groß-Berliner Ortsgruppen des Zentralvereins deutscher Staatsbürger jüdischen Glaubens, der sich auf die Alarmnachrichten bis an den Ort der Ausschreitungen begeben hatte, um sich über deren Umfang zu unterrichten, wurde in der Gegend der Kaiser-Wilhelm- und Hirtenstraße von einem gut gekleideten **völkischen Agitator, der mit einem Ueberfallkommando arbeitete**, unter der Beschuldigung festgehalten: „Der Jude hat mit dem Messer gestochen!" Tatsache ist, daß der Beschuldigte weder ein Taschenmesser noch sonst irgendeine Waffe bei sich trug, so daß diese Provokation als ein verabredetes Angriffszeichen erscheint. Sofort wurde der Herr von der Menge überfallen. Man schlug mit Stöcken und Fäusten auf ihn ein, während aus der Umgebung Rufe erschollen: „Zieht ihn aus, umlegen!" Nur dadurch entging der Ueberfallene dem Tode, daß ihn ein Schutzpolizeikommando von der Menge befreite und ihn auf einem Lastauto in Sicherheit brachte. Bei diesen Heldentaten zeichneten sich besonders Frauen und ganz junge Leute übelsten Aussehens aus. Sie lockten, wie man beobachten konnte, erst die Arbeitslosen an und reizten sie dann zu Tätlichkeiten und Plünderungen auf.

Antwortgesang, so, wie die Chassidim in der Heimat das tanzten und sangen.
Du mußt dir das so vorstellen, Leser: In einem großen gemeinsamen Reigen steht der Schauspieler Granach oder geht in Gegenbewegung zum Kreis der anderen und singt oder spricht melodramatisch oder tanzt als Kopf der Tänzerschlange. So singen und tanzen sie die Horra zum Beispiel, die der Tanz der Jugend ist. Oder der Rabbi singt und tanzt seiner Gemeinde entgegen in Melodien, die ohne Worte gesungen werden, die getragen, ergreifend, ja erregend sind. Man nennt sie Nigunim. Sie steigern sich von Wiederholung zu Wiederholung bis zur Ekstase. Das alles werde ich nie vergessen, sagt Gerschon.

Gerschon geht wegen einer ernsten Sache in den Zirkus.

1923 saß der ganze Kulturverein Progreß eines Tages aufgeregt im Zirkus Busch, gleich vorn an der Piste, in dem Rundbau am Bahnhof Börse, der jetzt Bahnhof Marx-Engels-Platz heißt, da, wo an der Burgstraße heute eine schöne Grünanlage bis an den S-Bahn-Strang und an die Spree reicht. Alle bangten um Sische Breitbart. Du weißt natürlich nicht, wer das war, Leser, und wirst den Kopf schütteln, wenn wir dir erzählen, daß ein großes altes vierbändiges Lexikon von 1927 in zwölf Zeilen Siegmund Breitbart aus Lódź als Schwerathleten und Zirkusmenschen ausweist. Na ja, natürlich, aus Lódź, wirst du sagen. Aber das genügt nicht. Dem ist allerhand vorausgegangen.
1923 nämlich gab es in Berlin Exzesse. Die Inflation, in der die kleinen Sparer um ihren Notgroschen geprellt wurden und die Arbeiter um den Wert ihrer Arbeit, brachte Unruhe. Und hinzu kam ein täglicher Zustrom von Ostjuden und Heimatlosen nach Deutschland. Die da kamen, waren größtenteils Arbeiter und kleine Handwerker, und weil sie nichts

besaßen, bevorzugten sie für ihren Aufenthalt, und sei er nur vorübergehend, zumeist die ärmsten Viertel im Zentrum von Berlin, vor allem das Scheunenviertel hinter dem Alexanderplatz. Hier in der Nähe wohnte auch der legal eingereiste Artist Siegmund Breitbart. Er galt als der stärkste Mann der Welt, hatte einen Vertrag mit Zirkus Busch. Freilich verfügte jeder Zirkus, der auf sich hielt, über einen der »stärksten Männer der Welt«. Vermöge seiner enormen Willenskraft bog Breitbart dicke Eisenstäbe, ließ Lastwagen über seinen Köpfen rollen und zerriß schwere Eisenketten wie einen Strick, alles ohne Trick. In die Arena fuhr er als Gladiator ein mit Vierergespann vor römischem Prunkwagen.
Nun werden wir dir gleich erklären, Leser, wieso seinerzeit der Kulturverein Progreß eines Tages im Zirkus Busch saß, wo Zirkus wahrhaftig nicht zu seinem Bildungsprogramm gehörte. Der Kampf um Erwerb und Existenz in der eingesessenen Bevölkerung, genauer: in bestimmten Kreisen davon, die sich von rechtsextremistischen Drahtziehern aufputschen ließen, führte also 1923 zu Exzessen im Viertel hinter dem Alexanderplatz. Schlägerbanden, heruntergekommene, durch Hunger und Krieg verrohte Menschen gingen auf diese Einwanderer los, und zwar vor allem auf die jüdischen. Da wird Sische Breitbart, verdeutscht Siegmund, der Kraftmensch aus Lódź, die Grenadierstraße, wo es am schlimmsten zugeht, durchpflügen, lediglich mittels der Kraft seiner Arme, wird unbewaffnet die Schläger rechts und links neben sich niedermähen auf das Pflaster. So säubert er auch gleich die Nebenstraßen und lädt die zurückweichenden Horden ein, sich mit ihm im Zirkus Busch zu messen.
Und sie kamen, berichtet Gerschon. Wie ein Lauffeuer hatte sich Sisches Sieg gegen die Banden herumgesprochen, und wir vom Kulturverein Progreß gingen zum ersten Male in einen Zirkus und sahen pochenden Herzens Sische vom Triumphwagen steigen, sich im Sand mitten in der Arena ausstrecken. Ein schweres, breites Brett schleppten sechs Männer herbei und legten es ihm über Brust und Bauch. Auf Rollen wurde ein riesiger Schmiedeamboß hereingeschafft und über das Brett auf Sisches Leib geschoben. Mir hat der Atem gestockt. Das kann doch ein Mensch unmöglich aushalten!
Und nun: Einladung ans liebe Publikum, bitte, wer will seine Kraft versuchen, sich messen mit Siegmund Breitbart, dem Eisenkönig von Berlin aus Lódź? Da kommen sie, die verhinderten Pogromhelden der Grenadierstraße, haben sich mit Vorschlaghämmern und mit Schmiedehämmern bewaffnet. Aus dem Zirkusspectakulum wird – betrachten wir es genau – indirekt versuchter Mord. Sie schlagen mit aller Kraft auf den Amboß, erst reihum im Rhythmus, das gehört noch zum Zirkusprogramm, macht sich gut, dann mit steigender Wut mehrere zugleich, alle zugleich, vier, sechs, die noch übrig sind, die die schweren Werkzeuge noch heben können. Der Schweiß bricht ihnen aus, aber der Amboß wankt nicht. Unter uns gesagt, Leser – es ist doch ein Trick bei dieser Kraftprobe. Daß das sich abstrapazierende Publikum etwas bewirken könnte, darin liegt er. Das ist ein Illusionseffekt, indem nämlich das Eigengewicht des gewaltigen Ambosses die Wucht der Schläge aufhebt. Breitbart hat das enorme Gewicht des Ambosses auszuhalten, solange das schlagende Publikum durchhält. Das genügt ja wohl auch. Die Schläge, ob von einem oder von mehreren, die spürt er nicht. Träfen sie aber auf den Kopf oder Hals oder schlügen sie neben den Amboß auf das Brett über der Brust, sie würden ihn erschlagen, und dann wäre es bewußter und direkter Mord gewesen. Aber zum Glück kennen sie den Sensationstrick nicht und erliegen der suggestiven Anziehungskraft des Trumms vom Amboß.
Als sie nicht mehr können, aufgeben müssen, sich auf ihre Riesenhämmer stützen, fegt Sische Breitbart mit einer lässigen Armbewegung Brett und Amboß weg, steht auf, klopft sich den Sand ab, besteigt – wortlos sich verneigend – seinen römischen Kampfwagen, fährt einmal die Runde und verläßt die Arena nun, wo das von Entsetzen gekitzelte Publikum sich wieder aus der Sensation zurückgefunden hat und tosenden Beifall spendet. Ist aber wohl wieder zu spät entsetzt gewesen, das Publikum, nicht wahr?

Im Scheunenviertel während der Plünderungen 1923. Die Polizei räumt die Mulackstraße.

Arnold Zweig

Die Summe

Ziehen wir mit jener Resignation, an die wir uns die letzten fünf Jahre hatten gewöhnen können, die Summe aus den vorläufig abgeschlossenen Ereignissen, die sich in deutschen Städten an Juden vollzogen haben. Das Empörende vermag dann nicht mehr zu empören, wenn man es zollweise entstehen sah; das Moment der Überraschung geht ihnen ab; die Welt des Nachkrieges ist der schönen Leidenschaft und ihren schmückenden Gesten und wärmenden Wallungen gar zu günstig. Ausweisungen in München, Überfälle auf Unbewaffnete in Nürnberg, ein Pogrom im Zentrum Berlins, und gleich darauf in München ein Putsch von rechts, um das Deutsche Reich mittels der Intelligenzen Hitlers und Ludendorffs herrlichen Zeiten entgegenzuführen – das Ganze zum fünften Geburtstag der Republik mit der rührenden Vorliebe solcher Romantiker für Kalendereffekte aufgezogen: was lehrt, zum Über- und Überdrusse, diese Veranstaltung?

Die Judenrepublik. Die Judenfahne. Die Judenregierung von Berlin. Fünf Jahre hat, ohne erkennbare Gegenwirkung von bürgerlichen Parteien her, eine gedruckte und geschriebene Agitation so uns und das Nachkriegsdeutschland zusammengekoppelt. Was immer von Unheil über dieses Reich hereinbrach, wer auch immer durch leichtsinnige oder leidenschaftliche Politik, durch Unkenntnis angelsächsischen Wesens, der deutschen Isolierung, der Wirkung törichter Reden die Eingriffe des französischen militaristischen Kapitalismus um Vielfaches verschlimmerte, und wie oft auch immer die langsame Beamtenintelligenz in den Organismus der Weltwirtschaft eingreifend Ursachen schuf, deren Wirkungen sie nicht in Betracht gezogen hatte – es war leicht, in Deutschland Absolution dafür zu bekommen, leicht, in diesem Lande »Verantwortlicher« zu sein: denn der wahre Verantwortliche, der, von dem in allen Tönen Rechenschaft gefordert wurde, war immer der Jude. An ihn hielt man sich, und drohte dauernd, sich noch weit besser an ihn zu halten. Wollte man einen Politiker wie Erzberger, der dem großen Kapital Kräfte zu entziehen drohte, um sie dem anämischen Körper des Deutschen Reiches zuzuführen, ja gar nur den augenblicklichen Reichskanzler dauernd diskreditieren, ernannte man sie zu Juden, wie man Bethmann-Hollweg zum Juden befördert hatte; und indem man sich so die Möglichkeit schuf, den Sack zu schlagen und dem Esel dabei empfindlich wehe zu tun, auf dem Rücken der Juden in Deutschland gegen das neue Reich und seine furchtbar schweren Aufgaben mit voller Energie vorzugehen, gewann man noch den wohlberechneten Vorteil, daß keine Reichsregierung sich mit den so Angegriffenen identifizieren werde, weil es ja unklug gewesen wäre, dem Schimpfwort »Judenregierung« damit neue Rechtfertigung zuzuführen. Wirkte dann in das überanstrengte Nervenleben des Reiches und der Mehrzahl seiner Bewohner noch die Not um den nächsten Tag, der Hunger nach der nächsten Mahlzeit hinein, diese furchtbaren Helfer aller Hetze, die die Hemmung zwischen gehörtem Wort und getaner Ausführung bis zum Zerfall verdünnen, so konnte der Stoß gegen die lästige Republik geführt werden: als Stoß gegen die Juden ansetzend, in seiner eigenen Wirkung wachsend, am anfänglichen Gelingen sich befeuernd und ohne Kontrolle bis zu Zielen führend, die als »aufs innigste zu wünschen« genau von denjenigen verkündet worden waren, die es durch Aussperrung, Nahrungsabschnürung und den unendlich törichten Abbau der Brotbewirtschaftung im falschesten Augenblick in der Hand hatten, zum Übelwollen Frankreichs und den Hilflosigkeiten der Währungsmacher die akute Verzweiflung breiter Großstadtmassen zu fügen. Sie wurden die Grundkräfte, auf die sie sich verlassen konnten, um trotz klarster Tatbestände den Juden für alle Übel dieser Zeit als Sündenbock benutzen zu können. So wenig der einzelne Jude dem einzelnen Deutschen bei normaler Seelenlage verdächtig ist, ein Schädling zu sein, so leicht ist es, den Juden als Gruppe dem Abstoßungs-, Entwertungs- und Vernichtungsaffekt der exaltierten Nichtjudenheit als Gruppe gegenüberzustellen. Hier führen Grundkräfte der Gruppenleidenschaft, die anderswo untersucht worden sind, zu immer wieder gleichen Ergebnissen. Der Jude als Typ ist dem Deutschen noch immer eine Märchenfigur, und wie die märchendichtende Phantasie des Volkes heute zur Schauerromaniade degradiert ist, ist auch er eine Figur des Schauerromans geworden, wie »der Freimaurer« der katholischen und »der Jesuit« der protestantischen Volksphantasie: unbekannt, abgesondert, geheimnisvoll und schnell verdächtig. Das klingt nach Mittelalter? Wir leben mitten in ihm, seitdem der große Krieg das bißchen Neuzeit, das wir der Aufklärung verdanken, mit dem Ärmel der Uniform weggewischt hat. Erst weil solche Grundkräfte, modern maskiert, in der Seele besonders des kleinbürgerlichen Menschen noch unabgeschwächt spielen, kann die Agitation der »Haltet den Dieb«-parteien sich so wirksam über ganz Deutschland ergießen. Vor ihnen bleibt es gleichgültig, nach welchen Merkmalen sich der Jude von der Nichtjudenheit scheidet; und es läßt sich beweisen, daß dieses Merkmal wechselt je nach derjenigen Leidenschaft, die die Völker gerade am lebhaftesten bewegt. Zur Zeit religiöser Differenzierung bemerkte man am Juden sein religiöses Sondersein am schroffsten, zur Zeit der ständischen sein außerhalb der Stände Stehen, als man sich national schied, sah man sein besonderes Volkstum, heute, wo man sich biologisch als Rasse aufspielt, greift man ihn der Rasse wegen an, und morgen, wenn quer durch die Völker der soziale Kampf geführt werden wird, ein schon im Werden offenbarer Zustand, wird er zwischen den sozialen Fronten aufgerieben werden, gleicherweise befeindet von links wie rechts. Und es muß an dieser Stelle, trotz des vergossenen Blutes, der Mißhandlung, Plünderung, des Raubes, all der Gewalttat und jeglicher Exzesse als Ehrenmal der Einsicht, Geduld und Disziplin gesagt werden, daß angesichts dieser Grundtatsache und der wahrhaft würgenden Not die Schar derer unter den arbeitenden Deutschen, die ihre Besinnung unter dem Anprall der maßlosen Verhetzung verloren haben, zahlenmäßig noch immer relativ gering ist, und daß man im Berliner Pogrom deutlich zwischen dem stets sprungbereiten Mob, den bezahlten und freiwilligen Parteihetzern und den mitgerissenen Erwerbslosen zu scheiden vermochte.

EINZELNUMMER 20 Milliarden M.

JÜDISCHE RUNDSCHAU

Anzeigen-Verwaltung:

Nummer 96 | Berlin, 9. XI. 1923 | XXVIII. Jahrg.

Der Zionismus erstrebt für das jüdische Volk die Schaffung einer öffentlich-rechtlich gesicherten Heimstätte in Palästina. „Baseler Programm."

Die Schicksalsstunde des deutschen Judentums

In den Straßen Berlins hat ein Judenpogrom stattgefunden.

Berlin war der Schauplatz trauriger und beschämender Ereignisse, wie sie bisher nur das Merkmal minderkultivierter Staaten gewesen sind. Die Früchte der Saat, die durch fünf Jahre systematisch ausgestreut worden ist, sind gereift. Der Antisemitismus, der in ganz Deutschland wie eine Pest um sich gegriffen hat, hat, nachdem er in der letzten Zeit vor allem in Bayern zur offiziellen Regierungsmaxime geworden ist, nun auch in Berlin seine Opfer gefordert.

Die Judenfrage ist in Deutschland akut geworden. Die von Haß verzerrten Gesichter, die auf das Judengespenst stieren, die ungetrübte Einigkeit der Judenfeindschaft, die Zustimmung weitester Kreise der Bevölkerung zu den erbärmlichsten Schandtaten gegen Juden zeigt uns, daß die Juden heute fast vogelfrei geworden sind.

Das Gewissen der zivilisierten Welt ist abgestumpft. Im Herzen Europas, im deutschen Kulturstaat, haben wir erlebt, was noch vor zehn Jahren niemand für möglich gehalten hätte. Die deutschen Juden, die mit der Ueberlegenheit des auf sicherem Port Stehenden von den Juden-Progromen in Rußland gehört haben, hätten nie geglaubt, daß ihnen selbst ähnliche Erfahrungen bevorstehen. Die furchtbare Krise, in die der Krieg die ganze Welt und vor allem Deutschland gerissen hat, hat nun auch **diese** Folge gehabt.

Verstehen die deutschen Juden, was heute vor sich geht? Die Schicksalsstunde des deutschen Judentums ist gekommen. Die Juden sind in Deutschland ihres Leibes und Lebens nicht sicher; die Gleichberechtigung, die stets als das Fundament der jüdischen Existenz gepriesen wurde, ist erschüttert, die Möglichkeit einer Ausnahmegesetzgebung – noch vor wenigen Jahren völlig undenkbar und unvorstellbar – erscheint am Horizont. Die Früchte der Juden-Emanzipation sind ins Wanken geraten. Die Politik der Assimilation, die Politik der systematischen Preisgabe und Zersetzung des Judentums, hat Schiffbruch gelitten. Das deutsche Judentum steht heute vor der Tatsache, daß seine Politik des letzten Jahrhunderts völlig bankrottiert hat.

In dieser ernsten Stunde wollen wir es unterlassen, darauf hinzuweisen, wie sehr wir Zionisten recht behalten haben, wenn wir die großen Zusammenhänge der Judenfrage aufzeigten. In diesem Augenblick geht es nicht darum, wer Recht behalten hat, sondern darum, was heute geschehen soll.

Das deutsche Judentum muß heute verstehen, daß **nur wir Juden selbst uns helfen können.** Werden wir uns nicht helfen, wird niemand uns helfen. Werden wir nicht für uns einstehen, wird niemand für uns einstehen.

Das deutsche Judentum muß heute solidarisch und entschlossen auf den Plan treten. Es gilt nicht nur den Schutz von Leib und Leben, es gilt auch die Wahrung unserer Ehre. Das deutsche Judentum muß die Welt heute vor die eindrucksvolle Tatsache stellen, daß es ein lebendiger, selbstbewußter Faktor ist, der seine Rechte und Interessen wahrt. Der Ruf „Tod den Juden" gilt allen. Der Haß gilt allen. Der gemeinsame Feind – wenn schon nicht mehr – schließt uns zusammen. Für jeden Juden, dem heute in Deutschland um seines Judentums willen ein Haar gekrümmt wird, muß das gesamte Judentum solidarisch eintreten.

Wir Zionisten sind uns des Ernstes der Stunde bewußt. Wir wollen, ungeachtet aller Gegensätze der Weltanschauung und der Partei, das Trennende zurückstellen, wenn die deutschen Juden bereit sind, mit uns zusammen das deutsche Judentum als kraftvollen Organismus wieder aufzubauen.

Die Einheitsfront aller Juden in Deutschland ist das Gebot dieser Stunde. Werden die deutschen Juden dies verstehen?

Wir warten mit Bangen der nächsten Tage, die die Entscheidung bringen. Denn schwerer noch als die Schläge von außen würde es uns treffen, wenn wir einsehen müßten, daß das deutsche Judentum in diesen Tagen nicht seine Kraft und Würde wiedergefunden hat.

Die judenfeindlichen Ausschreitungen in Berlin

Am Montag und Dienstag kam es im Zentrum Berlins zu Ausschreitungen, die bald den Charakter von Pogromen annahmen. Die Berliner Tagespresse bringt über diese Vorfälle die folgenden Berichte:

Die Vorgänge am Montag

Am Vormittag gegen 11 Uhr stauten sich vor dem Arbeitsamt in der Alexanderstraße Zehntausende von Erwerbslosen, weil es hieß, daß das Amt Unterstützungsgelder ausgeben würde. Eine halbe Stunde später wurde jedoch mitgeteilt, daß kein Geld vorhanden sei. Der Menge bemächtigte sich eine große Erregung, und diesen Augenblick benutzten, wie einwandfrei festgestellt worden ist, gewerbsmäßige Agitatoren, um überall herumzuerzählen, daß die in der Munz-, Dragoner- und Grenadierstraße ansässigen „Galizier" das von der Stadt besonders zur Erwerbslosenfürsorge herausgegebene wertbeständige Notgeld planmäßig aufgekauft hätten. Diese Hetzreden fanden Boden, und wenige Minuten später, etwa gegen zwölf Uhr mittags, begannen dann auch die Plünderungen jüdischer Geschäfte und Wohnungen. …

Gegen 2 Uhr wurde eine Anzahl von Personen im Scheunenviertel von der Menge schwer mißhandelt. Dabei fiel ein Schuß. Einer der Beteiligten, Dr. H. B., der seine ärztliche Praxis in der bedrohten Gegend ausübt, teilt der „Vossischen Zeitung" über seine Erlebnisse mit:

„Wer den Schuß abgegeben hat, weiß ich nicht. Jedenfalls war er das Signal für die Menge, erneut über uns herzufallen. Wir wehrten uns, so gut es ging. …"

… worden, da es sich zumeist um Erwerbslose handelte, die über die Nachricht, daß kein Geld für sie vorhanden sei, aufs äußerste erregt waren. Oberst Kaupisch hat gestern nachmittag einen strengen Tagesbefehl an die Beamten herausgeben lassen, in dem er sie auffordert, das Gut und Leben jedes bedrohten Bürgers, gleichgültig welcher Konfession, unbedingt mit allen Machtmitteln zu schützen. …

Montag nachts

…

Eine Lektion werden die deutschen Juden nun wohl gelernt haben: daß im Augenblick der Aktion der Unterschied zusammenbricht, den eine geschickte Agitation sie lehrte zwischen sich und den Ostjuden zu machen. Sie werden nun nicht mehr, sollte man hoffen, bereit sein, den Ostjuden preiszugeben um selber auf der Seite der Gerechten zu stehen. Sie werden nun hoffentlich wissen, daß, wer diese Unterscheidung mitmacht, selbst vom Antisemitismus angesteckt ist, der wie jede Affekthaltung ansteckend auf sie überzugreifen stets bereit ist. Wer bedroht ist, sucht sich zu decken, selbst wenn er dabei die Gebärde des Feindes annehmen muß, das ist menschlich-allgemein, und es bedarf schon eines gewissen, gefesteten Grundwesens, um sich einem Anprall auszusetzen wie er das deutsche Judentum heute berennt, und auch die Angegriffensten in die eigene Person miteinbeziehend für sie zu stehen wie für sich.
Eines bleibt anzuwarten: ob diese Krise des Antisemitismus den »deutschen Geist« noch weiterhin so erstarkt oder so ermüdet besser lassen wird wie bisher. Als 1916 im zaristischen Rußland ein Antisemitismus, ungleich schwächer als der unsere, sich auftat, standen russische Geistige, Gorki und Ssologub an der Spitze, dagegen auf. Seit 1916 sehen dem deutschen Antisemitismus, der mit der unvergessenen Judenzählung im Feldheer sich ein erstes Denkmal setzte, die deutschen Geistigen gesenkten Blickes zu. Nur einer oder zwei, Hermann Hesse, Robert Michel, Otto Flake, haben sich dagegen erhoben. Vielleicht erkennen sie jetzt, um wieviel mehr für sie von diesem Dauerantisemitismus zerstört wird als für uns? Als man Deutschland auf das Niveau der oberösterreichischen Provinz herabwirtschaftete (Schönerer, Waidhofener Prinzip) schwiegen sie betroffen. Heute, wo man dieses Land, in dem Nietzsche das Wort »freier Geist« fand und gestaltete, auf das Niveau des zarischen Rußland herabwirtschaftet, sollten sie sich daran erinnern, daß vielleicht einmal eine Generation entschuldigend bemerken wird: »damals gab es keinen deutschen Geist in dem gefährdeten Reiche.«
Kein Protest wird die Verwundeten gesund machen. Kein Geplünderter wird davon wiederhergestellt werden. Die zerstörten Nerven all der Entsetzten, Erschreckten, körperlich Degradierten wird kein Wort und keine Tat des Reiches heilen. Was Menschen tun können, werden hoffentlich die Juden selber tun, und die neuen Opfer der Tatsache, daß Juden überall auf Erden unter Trennungsleidenschaften leben, ebensowenig verlassen wie sie die früheren verlassen haben. Nur auf eines rechnen wir: daß die geschehenen Tatsachen, ihre Rezeption im deutschen Geiste und ihre öffentlichen und privaten Folgen von der Jugend des deutschen Judentums und von all denen der Erwachsenen, die noch nicht unter Zwangsantrieben empfinden und denken müssen, geistig verarbeitet und in politische Form umgesetzt werden sollten. Man müßte sich endlich dazu entschließen, der Besonderheit unserer Existenz zwischen den Völkern konsequent denkend und bis zu Ende nachzugehen. Man dürfte nicht länger die Augen wegwenden von Tatsachen, die peinlich, schmerzhaft – oder straffend sind, je nachdem man der Mensch ist, ihnen zu begegnen. Und man sollte sich vor allem darüber nicht im Unklaren bleiben, daß mit der Bekämpfung akuter und wilder Ausbrüche des Antisemitismus nicht auch das Übel selbst anfaßbar ist, dem vielmehr erst sachgemäß begegnet werden kann, wenn der Jude als anschauliche Volksperson den anderen Völkern gleichgeartet zugesellt ist, auf jüdischem Boden, in seinen Rechten völkerrechtlich festgelegt und unabhängig in seiner Existenz von den Krisen und Katastrophen anderer Völker, denen er bis dahin immer zuerst zum Opfer fallen wird, in welchem Lande auch immer: denn der Antisemitismus eines besiegten Frankreich zum Beispiel würde, erinnert man sich noch? dem einstigen russischen und heutigen deutschen um nichts nachgeben. Die Dekorationen sind gefallen, die schönen Anstriche abgewaschen vom Blut und Not, und hohl und kraß zeigen sich die kontinentalen Völker alle aus gleichem Holze und alle noch in derselben geistigen Eigenart, die sie in den Kreuzzügen und zur Zeit des Schwarzen Todes unserer Vorväter hinopfern ließ, sei es, weil sie »die Brunnen vergiftet hatten«, sei es einfach, weil sie Juden waren.

Die Polizei verfolgt Plünderer in der Kaiser-Wilhelm-Straße.

Martin Beradt

Der Bettler Frischmann

Am anderen Tage saßen sie auf der Bank und hatten nichts, viele Besuche und keinen Pfennig. Frajim war bekümmert für den alten Mann, aber Fischmanns Gram war noch größer. Die eine Hand auf dem beschädigten Herzen, die andere auf der Schulter des Begleiters, verriet er seinen Beschluß, den er allerdings vielleicht nicht durchführen würde: »Am besten, ich geb die Wanderschaft auf und zieh zurück nach Kowno, wenn ich auch heimkomme wie jener, von dem es heißt: ausgewandert alle Länder und heimgekommen ohne Hose, ohne Hemder.«
»Aber wie wird man sein zu Ihnen?« fragte Frajim ängstlich.
Ja, wir würde man zu ihm sein, fragte sich Fischmann. Er wußte es selbst nicht und schwieg auf dem Heimweg.
Aber am nächsten Tag, der ebenso schlecht verlief, und der ihn deshalb tiefer hätte verfinstern dürfen, wurde Fischmann, auf der gleichen Bank, von einer großen Heiterkeit befallen, der gelegentlichen Heiterkeit von alten Leuten, die sich plötzlich außerhalb des hetzenden Gewimmels fühlen – wie fern alle diese viel zu wichtig genommenen Unwichtigkeiten!
»Weißt du was, Frajim«, fing er an, »in Kowno werden die Leute alt, an hundert Johr. Das Leben ist dort gesund, ich treff sie schon noch, es ist ja noch nicht lange her, daß ich fort bin. Freilich, werden meine Bekannten auch noch was haben bei die Zeiten? Wenn nicht, also dann werd ich mich entschließen und bei fremde Leute eintreten. Einen guten Tag, werd ich sagen, einen schönen, guten Tag, Herr Koplowitz!« und er malte Frajim einen dieser Besuche aus, wobei die Fältchen um die Augen zitterten vor Lachen.
»Was wird Herr Koplowitz zuerst sagen? Einen guten Tag wünsch ich zurück, wird er sagen, mit wem hab ich die Ehre? Die Ehre ist gut, werd *ich* sagen. Also meinetwegen das Vergnügen, wird Herr Koplowitz sagen, schon ein bißchen spitz. Vergnügen? sag ich, Ihr Wort in Gottes Ohr! Aber was kann es schon für ein Vergnügen sein, mich zu empfangen? Also kurz, wer sind Sie? platzt nun Herr Koplowitz heraus, gereizt und heftig, denn er ist doch Herr im Haus und trägt Flöhe in der Nase. Warum soll ich ihm nicht sagen, wer ich bin?« wendet sich Fischmann unmittelbar an Frajim, seine Stimme ist wieder die alte, nur für das Zwiegespräch mit diesem sagenhaften Herrn Koplowitz war sie geschraubt.
»Du mußt wissen, in Kowno sagt ein Bettler nicht alles gleich heraus, das heißt, sofern er sein Geschäft versteht. Ich werde also diesem Herrn Koplowitz erklären: was werden Sie schon davon haben, wenn ich Ihnen sage, wer ich bin? Aber Sie wollen es hören – gut! Muß ich Ihnen nicht zu Willen sein, wo ich von Ihnen einen Gefallen haben will, denn, Herr Koplowitz, ein kluger Mann wie Sie, werden Sie sich doch schon haben denken können, weshalb ich eingetreten bin, warum ich einen guten Tag gewünscht habe, eine gute Woche sollen Sie haben, ein gutes Jahr, all Ihre Lieben auch, in diesem und im nächsten Geschlecht. Wie es mir geht? Wer mir Gut's gönnt, der kann mir die Taschen umdrehn und find't nix, keinen Pfifferling. Ein Jammer, joi, joi! Es gibt viele jüdische Wörter, ausgezeichnet, was für eine Weisheit ist da drin! Wenn die anderen Völker sind nicht so klug, bloß, weil sie nicht so gute Wörter haben wie die Juden. Aber manch eines ist doch auch wieder nicht richtig, was soll heißen zum Beispiel, alle sieben Jahre ändert sich dem Menschen seine Natur? Bei mir hat sich nix geändert, ich bin geblieben, was ich war, dasselbe Stückchen Schlemihl, vierunddreißig Johr wende ich mich an die Mildtätigkeit meiner Mitmenschen. Aber wer kann wissen, vielleicht, im nächsten Johr, da sind fünfunddreißig, sieben im Gefünft, vielleicht werd ich da ein reicher Mann, aber verlassen Sie sich nicht darauf, Herr Koplowitz! Übrigens ist nicht Ihre Frau eine geborene Rabinowitsch aus Tarnopol? Ich weiß immer noch nicht, wie Sie heißen, wird dieser Herr Koplowitz oder Karfunkelstein dazwischenfahren, denn wie heißen schon diese Leute? Und er wird wütend werden und mit den Augen beißen. Beim Leben meiner Töchter, werd ich ihm antworten, regen Sie sich nicht auf, Herr Karfunkelstein, um Gotteswil-

Betrunkener am Eckhaus Hirtenstraße-Grenadierstraße. 1930

len, ist mein Name denn so wichtig? Ich hab mir das nicht eingebild't in mein Verstand. Aber der Name läßt sich hören, die Familie ist sich Schlechtes nicht bewußt, außer sie ist arm, aber, leider, Armut ist ja heintzutage ein Verbrechen. Also, um es kurz zu machen, ich heiße Abraham mit Vornamen, wie unser Erzvater, kennen Sie das schöne Gleichnis vom Slonimer Row über unseren Erzvater? Ein feines Wort, mein Vater hat es oft erzählt – aber ich halte Sie auf, Fischmann ist mein Name, nun wissen Sie es, aber was wissen Sie schon damit?«

Fischmann gefiel sich in solchen ersonnenen Gesprächen, Frajim aber erschütterten sie, und er erriet nicht: lehrte Fischmann sie ihn zum Dank für seine Dienste, sollte er früh lernen, äußersten Falles als Bettler aufzutreten, damit er sich in jeder Not ernähre, und fand Fischmann schon Anzeichen dafür, daß er in solche Not geriet? Oder machte Fischmann sozusagen ein Vermächtnis, indem er einem Lieblingsschüler die verloren gehenden Gesetze der guten alten Schule überlieferte? Oder noch anders: sprach er nur für sich, sprach er, um sich zu vergewissern, daß er noch die alte, für Kowno wichtige Schulung hatte? Manchmal lachte er auf am Schluß: »Narrischkeiten, nischt wahr? Aber die Leute in Kowno wollen es so.«

Frischmanns Begräbnis

Später legte man dem Toten weiße Leinenkleider an und setzte ihm die silberbetreßte seidene Mütze auf. Nun war er so gekleidet, wie im Bethaus an hohen Feiertagen und so wie einst in Kowno an den Osterabenden, wenn er am Eßtisch seiner Familie die frommen Legenden von dem Auszug der Kinder Israels aus Ägypten vortrug; den gelblichen Gebetmantel mit den schwarzen Streifen, aber ohne die hellen Schaufäden, hatte man ihm ebenfalls umgetan. Er lag feierlich um seine Schultern.

Am übernächsten Nachmittag wurde er aus dem Haus getragen, die Füße voran. Den Kasten aus ungehobelten Brettern hoben Männer der heiligen Bruderschaft empor. Er war aus Tannenholz und ohne Schmuck, jeder

Aufwand im Tode verstieß gegen die Gesetze der Natur, aber auch wider die Ordnung der Rabbinen. Am frühen Morgen waren zwei Frauen in der Gasse eingetroffen, die eine verblüht, die andere im Gesicht den adeligen Stolz, den Ungebeugtheit durch jahrhundertelange Verfolgung verleiht. Es waren Fischmanns Töchter, die nun mit hunderten von Freunden der Leiche ihres Vaters zum Grabe folgten. Er wurde auf den Friedhof der Frömmsten gebracht und unter Zeremonien nach dem strengsten Ritus beigesetzt.

Friedhof der orthodoxen Seperatgemeinde in Weißensee

Grabstein auf dem Friedhof der orthodoxen Seperatgemeinde Adass Jisroel in Weißensee: Joseph Lewstein aus Lodz, gestorben 1925

Friedhof Weißensee. Grabstein von Deborah und David Lexanderowitz aus Rußland und Kurland. David Lexanderowitz, gestorben 1934, so ist auf dem Stein zu lesen, hat in einer Betstube der chassidischen Rabbiner die Thora »gelernt«. Sogar die Adresse des Bethauses ist angegeben: Grenadierstraße 37.

Rechte Seite:
Auf dem jüdischen Friedhof in Weißensee, auf dem Feld der orthodoxen Juden, befindet sich das Grab des »Bisoyner Raw«, des Rabbiners Abraham Mordechai Grynberg (1867–1938). Er war der anerkannte religiöse Führer der Ostjuden Berlins, lebte im Scheunenviertel und machte die Betstube seines Hauses zur bedeutendsten religiösen Stätte in der Grenadierstraße. Sein hebräisch beschrifteter Grabstein zeigt ein Akrostichon, ein Gedicht, dessen Anfangsbuchstaben seinen Namen Abraham Mordechai ergeben. Die Übersetzung der Steininschrift lautet:

Unter diesem Hügel ist bestattet
Unser Herr, unser Lehrer, unser Rabbi, der gerechte Rabbi, Korb voller Bücher, der gelehrte Herr
Abraham Mordechai
Sohn des Rabbi,
Fürsten der Tora
Herrn *Chajim Cheika* sel. Angedenkens aus Bisoyn
gestorben am Montag, 26. Tammus 5698

*A*ch, mein Vater, mein Vater, Wagen Israels und seine Reiter
*B*ei deinem Hinaufsteigen zum Himmel wurde in der Stadt eine Stimme gehört, Waisen waren wir ohne Vater
*R*echt zart an Jahren krönte man dich in Bjeshun mit der Krone des Rabbinats
A (Vokal, hebräisch nicht ausgedrückt)
*H*ast dort Lehre und Weisheit unter vielen verbreitet zur Ehre
A
*M*ächtiger Schild *Abrahams* warst du für die Seufzenden und Gedrückten
*M*it wie großen Taten schafftest du Tag und Nacht
O
*R*abbi warst du in Berlin 24 Jahre lang
*D*ort hast du dir einen guten Weg gebahnt, um zu den Geliebten und Geehrten im Leben zu gehören
E
*CH*orartig sagt das ganze Volk: Unser Lehrer wird leben; du bist nicht durch den Tod von uns geschieden
A
*I*n Ewigkeit sei dein Name gepriesen
Deine Seele möge eingebunden sein in den Bund des Lebens

Ins Deutsche übertragen von Prof. Dr. Heinrich Simon und Prof. Dr. Marie Simon, Berlin (DDR)

Alfred Döblin

Östlich um den Alexanderplatz

Ein sonniger Vormittag; ich mache mich auf zu einer Umzingelung des Alexanderplatzes. Der verlockt mich sonst, menschenstrudelnd, wie er ist, geradewegs auf ihn zuzustoßen; ich will einmal die Peripherie dieses mächtigen Wesens abtasten. Breite, oft boulevardartige Straßen führen in ihn ein; ich tippele von der Lichtenberger Seite an. In der Frankfurter Allee hat man die grünen Rasenstreifen in der Mitte eingehen lassen; die Straße ist ganz sachlich geworden. Es gibt Warenhäuser; schematische Aufmachung für Ärmere, auch viel Plunder. Aus einem Hausflur kommt Gesang; man steht; ich gehe hinein. Da agiert auf dem Hof mit drolliger Theatralik ein schäbiger jüngerer Mann herum und singt – singt, ja was? Heil dir im Siegerkranz. Mit allen Strophen; ich höre es zum ersten Male seit 1918 und glaube es nicht. Die Leute kichern, einige sind betreten; der brüllt weiter. Und hat sich nicht verspekuliert mit diesem Appell an die Sentimentalität. Wie er herauskommt, entschuldigt er sich rechts und links, ist plöztlich gar nicht verdreht: »Regt euch bloß nicht auf. Ich muß mein Geschäft machen wie jeder andere. Der Arbeiter gibt mir nichts; der hat nichts.« Eine blutrote Plakathand an vielen Häusern: »Du! Bist du schon ein Kämpfer in deiner Sache?« Kleine Zettel mit einem Rettungsring auf dem Meere preisen eine Arbeiterpartei. Die Beklebung der Häuser ist ein Barometer für die politische Erregung; man sieht hier einigermaßen Farben. Ich stecke den Kopf in zahlreiche Kneipen; schwacher Besuch. Ein Wirt sagt mir, was ich schon weiß: die hohen Preise, und eine Brauerei hätte schon einen Teil ihrer Pferde verkauft und stelle sich auf Nährmittel um. Was kein Schade ist; Brot ist besser als Bier. Am Strausberger Platz vor einer Zeitungsfiliale eine Menschenansammlung; in der Mitte ein langhaariger kleiner Jüngling mit Schillerkragen debattiert mit einem ruhigen älteren Arbeiter. Der Ältere sagt: »Ihr schützt die Juden.« Der heftige Kleine, unter Assistenz anderer: »Nein, wir stellen uns nicht vor die Juden. Aber wir wissen, daß der Kapitalismus in der Klasse und nicht in der Rasse steckt.« Es ist die erste Straßendebatte unter Arbeitern, die ich höre, die sich mit Antisemitismus befaßt. Aber er wurde nicht angenommen; die Leute sind geschult. Drollig ein Zeitungshändler; er hat an seinem Stand ein Schild: »Zeitung einsehen 50 Prozent des Kaufpreises.« An einem Gartengitter drängen sich Menschen, ich denke: ein Unglück oder [was dasselbe ist] eine politische Ansprache. Aber es sind illustrierte Kriminalzeitungen: man betrachtet die Mutter, »von einem Bären zerfleischt«, und eine »italienische Liebestragödie«.

Nun biege ich in die Weberstraße ein, eine enge Straße. Viele niedrige Häuser, alle verwahrlost; Mörtel fällt von den Fronten. Der linke Straßendamm ist weit hinauf mit Wagen kleiner Händler besetzt; eine Masse ärmlicher Frauen bewegt sich mit Kindern und

Der Alexanderplatz während des U-Bahn-Baus, Ende der 20er Jahre. Links das Kaufhaus Tietz.

Alteisensammler in einem Hinterhof des Viertels. 1930

Handgepäck davor; es gibt Blumenkohl, Fettheringe, Käse in Kästen, Fische auf Eis, prima Dauerbollen. Drüben ist ein »Zentrallogierhaus«; Händler erhalten Extrapreise, man verkauft und kauft im Haus Stampepapier. Zahlreiche Produktenkeller mit Preistafeln vor der Tür, mit Kreide geschrieben, ein »Einkaufsbureau für Edelmetalle« [welcher Stolz]. In einem Schaufenster sitzt ein Schneider und näht: eine »Expreßschneiderei«. Alles handelt und kauft noch etwas anderes; überall besteht Nachfrage nach Säcken, Bindfäden. In einem »Komissionshaus« stehen aus: Bierseidel, abgeschnittene Telephonhörer, eine Staffelei, ein Rauchservice, Militärstiefel. Eine Leihbibliothek; ein ganzes Schaufenster mit buntem Schund: »Die Warenhausdiebe«, »Sittlichkeitsdelikte in der Großstadt«, Serie »Wildtöter«, »Winoga, der letzte Mohikaner«. Die Titelbilder tragen Unterschriften: »Ein Blitz, ein Knall, der Oberhäuptling sank zu Boden«, »Da hast du deinen Lohn, Verräter«. Eine ernste Arbeiterbuchhandlung; die eine Ladenflanke ist bemalt mit einer Hand, die auf einem offenen Buch liegt, mit einer Ähre und Sichel; darunter: »Um mehr zu produzieren, mußt du mehr wissen.«
Ich überschreite die Landsberger Straße. An der Ecke sitzt ein nettes Fräulein bei einem Gummiabsatzhändler; sie sitzt in bloßen Strümpfen, völlig ernst; er wetzt sein Messer, schneidet ihre Stiefelhacken zurecht; hämmert. Die Gollnowstraße. Die Straße ist noch finsterer und teilweise bröckeliger als die Weberstraße. Proletarier und Lumpenproletarier. Wieder Produktenkeller, »Sortieranstalten«. Ein Kaffeelokal trägt hetzerische Bilder: »Der Wannsee verschoben«. Ein Schild ruft: »Sie haben einen Schatz und wissen es nicht«; es ist ein Briefmarkenladen. Der Schatz sind alte Briefe auf dem Boden. Galizische Typen treten auf; jenseits der Neuen Königstraße, in der Linienstraße, werden es mehr. Es gibt Häuser von abenteuerlichem Schmutz und phantastischer Gebrechlichkeit. Trotzdem verheißt ein Barbier in einem ganz unglaublich kümmerlichen Haus: »Kein Warten! Gute, saubere Bedienung.« Weißbärtige, elende Männer im zerrissenen Kaftan gehen vorbei. Lebensmittelverkauf in Hausfluren. Vor Möbelgeschäften, Altkleiderhandlungen stehen die Besitzer und blicken unter die Passanten.
Der Bülowplatz trägt die pompöse »Volksbühne«; umringt ist er von wüsten Lagerplätzen für Alteisen, Schienen. Sehr lebhafter Wagenverkehr; es wimmelt von Menschen. Und immer »Gelegenheitskäufe«, Tuchläden, Uhrmachergeschäfte, Stiegel. – Links die Grenadierstraße. Hier scheint ein Dauerauflauf zu sein. Der Damm ist von Menschen besetzt; sie kommen und gehen aus den winkligen, uralten Häusern. Das ist ein ganz östliches Quartier, das gutturale Jiddisch dominiert. Die nicht zahlreichen Läden tragen hebräische Inschriften; ich treffe Vornamen: Schaja, Uscher, Chanaine. In Schaufenstern zeigt ein jüdisches Theater an: »Jüdele der Blinde, fünf Akte von Joseph Lateiner.« Jüdische Fleischereien, Handwerkerstuben, Buchläden. Das bewegt sich in unaufhörlicher Unruhe, blickt aus den Fenstern, ruft, bildet Gruppen und tuschelt in finsteren Hausfluren. An einer Ecke steht alles um einen gut berlinischen Ausrufer, einen Eulenspiegel: eine weiße Maus läuft über die Mütze, er zeigt Kunststücke mit falschen Millionenscheinen, um dann Seife zu verkaufen: »Klares Wasser, das ist der beste Beweis, meine Herrschaften.«
Ich mache mir Platz. Schlängele mich durch zur Münzstraße. Passiere die Kinos, die am hellen Tage dauernd spielen, mit Jahrmarktsorgeln, die über die Straße toben; sie locken zu »Marko, der Mann der Kraft« und »Das Schicksal einer anständigen Frau«. Ein Menschenstrom, Wagenstrom; der Alexanderplatz ist nahe. Zwischen zahlreichen sehr billigen Damen, unter den hastenden Leuten suchend, wandern sonderbare langsame Menschen, die sich offenbar kennen, erkennen, beiseite treten, Kleiderköfferchen tragen. Ein Hinundherlungern. Viele unbeschäftigte Burschen mit kessen Mützen. Die Alexanderkaserne mit Schupo kommt, der endlos lange Bau des Warenhauses Tietz; er setzt eine neue, etwas puppige Ecke an. Dann die breite Öffnung, grüner Rasen, der Alexanderplatz, die Gulaschkanone der Heilsarmee, umlagert von Neugierigen und Ketten Armer und Alter, das finstere rote Polizeipräsidium.

In der Münzstraße gab es schon 1899 ein Kino, das erste in Berlin überhaupt.
Das »Biograph-Theater« war eines der zahlreichen Tageskinos im Viertel. Im ersten Stock ein von der orthodoxen Seperatgemeinde Adass Jisroel beaufsichtigtes Speiselokal.

Speiseeis-Fabrik
Qualität
Allerfeinstes Conditor-
se-Eis
כשר
Butter
HOF

Leihbibliothek Rosenberg in der Grenadierstraße. Daneben ein Lebensmittelgeschäft, das für Pessah koschere Waren annonciert.

Gelegenheitsarbeiter
und Obdachlose auf
einer Bank in der Nähe
des Alexanderplatzes.
1930

Prostitution in der
Dragonerstraße 1930

»Die Damen, die im
öffentlichen Leben
stehen« (Döblin).
In der Münzstraße 1930

Absteige in der Dragonerstraße. In einer Wohnung in der Dragonerstraße (2 Stuben, Kammer und Küche) wohnen 7 Personen. Davon ist das eine Zimmer an eine 24jährige Prostituierte vermietet, die übrigen 6 Personen wohnen in Stube, Kammer und Küche; einen Abort gibt es in dieser Wohnung nicht. Diese 6 Personen sind: die 47jährige verwitwete Mutter, ihre Tochter von 29 Jahren und deren gleichaltriger Ehemann und 3 ledige Söhne im Alter von 18–23 Jahren. In 9 Haushaltungen, die Prostituierte beherbergten, wohnten Minderjährige unter 16 Jahren: 1 Fünfzehnjähriger, 1 Vierzehnjähriger, 1 Elfjähriger, 1 Zehnjähriger und 5 Kinder unter 6 Jahren. Auf je 1000 Berliner Einwohner kommen im gesamten Stadtgebiet 1,5 Prostituierte, in den 6 Alt-Berliner Bezirken 2,7, aber im Scheunenviertel 13,8! Und zu den Absteigequartieren kommen die wilden Pennen. Armselige Kellerverließe. In einem wohnten zwölf Schlafgänger, davon zwei Ehepaare.« (Archiv für Kriminologie, 1932)

DAS GHETTO VON BERLIN
(AUS DEM SCHEUNENVIERTEL)
Kriminalroman
von
Adolf Sommerfeld

Beim zweiten Sanierungsversuch entstanden nach den Plänen des Architekten Poelzig einige Wohn- und Geschäftshäuser, wie hier das Eckhaus Grenadier-/Hankestraße. Zerstört im 2. Weltkrieg.

Rechte Seite: Die Schendelgasse, der Durchgang von der Alten Schönhauser Straße bis zur Grenadierstraße (im Hintergrund). Aufnahme 1935

Druck
sachen
ART
Heinrich Drews
Destillation
Destillation

Das Karl-Liebknecht-Haus, die Zentrale der KPD, am Bülowplatz (heute Rosa-Luxemburg-Platz) vor der Reichstagswahl 1932.

Die Volksbühne am
Bülowplatz.
Aufnahme 1928

Gedenktafel in der Gipsstraße. Die Mitglieder der Baum-Gruppe, Juden, wurden nach einem mißglückten Brandanschlag auf eine Nazi-Propagandaausstellung verhaftet und fast alle hingerichtet.

Mischket Liebermann

Einer aus dem Ghetto.

Die Geschichte unseres Widerstandskampfes gegen die faschistische Barbarei ist reich an Helden. Wahren Helden. Auch Ruben Rosenfeld, dieser stille, bescheidene Junge aus dem Berliner Ghetto, war einer von ihnen. Er lebte in ärmlichen Verhältnissen. Zerrissen und zerschlissen lief er umher, immer neugierig, immer wißbegierig. Schon als Vierzehnjähriger kam er atemlos heran, wenn er mich in einem Demonstrationszug entdeckte. Ich war immerhin schon siebzehn. Er marschierte neben mir in Reih und Glied, wollte nicht wie ein Kind nebenherlaufen, sondern dazu gehören. Schon damals. Selten vergaß er mich zu fragen, wo es eine Veranstaltung gäbe. Ich sagte es ihm. Ruben war zur Stelle. Und wenn es noch so weit entfernt vom Ghetto war. Er ging zu Fuß, Fahrgeld hatte er nicht.

Ein Halbwüchsiger noch, verließ Ruben das Elternhaus.

Es zog ihn unwiderstehlich zur Arbeiterbewegung. Mit siebzehn war er schon im Jugendverband und neunzehnjährig in der Kommunistischen Partei Deutschlands.

1933 gehörte er zu den Illegalen, zu den Gehetzten, Gejagten, die mit doppelter Kraft für die Sache des Volkes arbeiteten. Doch schon im September dieses Jahres saß er im Gestapokeller und durchlebte die Hölle. Bei seiner Festnahme fand die SA einen Zettel im Hause, auf dem Zeit und Ort eines Treffs mit einem Genossen von der Bezirksleitung notiert waren. Die Nazis brachten ihn dorthin. Es war am Luther-Denkmal in der Kaiser-Wilhelm-Straße. Sie mußten die Fahrbahn überqueren. In dem Moment warf sich Ruben unter ein fahrendes Auto. Er wollte sein Leben hergeben, um das des Genossen zu retten.

Wenige Tage vor der Regierungsübernahme durch die Nationalsozialisten veranstaltet die SA einen Aufmarsch durch den Berliner Osten. Hier sperrt die Polizei eine Nebenstraße des Bülowplatzes ab und sorgt dafür, daß die SA ungehindert zum Karl-Liebknecht-Haus marschieren kann.

Razzia am 5. April 1933

Reporter: Das Mikrofon der Funkstunde Berlin steht jetzt in den frühen Morgenstunden des 5. April in der übelbeleumdetsten Gegend Berlins und zwar in der Gegend, die einst die Hochburg des deutschen Bolschewismus war, in der Münz- und Grenadierstraße und in der Schendelgasse, dicht am Bülowplatz. Gerade ist eine größere polizeiliche Aktion eingeleitet. 15, 20 große Polizeibereitschaftswagen, mit je ungefähr 30 Schutzpolizeibeamten, außerdem 60, 80 Kriminalbeamte hier von der Politischen Polizei im Horst Wessel-Haus, und neuerdings führt jetzt die ZbV immer eine größere Abteilung, ein Kommando SS mit, die die Arbeit der Schutzpolizei unterstützt. Ein ungeheures Aufsehen, eine irrsinnige Angst bei den Kommunisten, bei den sozialdemokratischen Funktionären, bei allen Leuten, die uns seit Jahren unterdrücken wollten, die nationale Bewegung niederknebeln wollten. Sie haben alle in ihren Wohnungen noch tausenderlei Drucksachen versteckt, verbotenes Hetzmaterial. Bevor sie überhaupt zur Besinnung kommen, sind die einzelnen Suchkommandos in die Häuser eingedrungen. Alles ist genau vorbereitet. Die Beamten stürmen die Treppen hinauf: ›Achtung Polizei – aufmachen!‹ Und dann nach wenigen Minuten kommen dann die ersten politischen Gefangenen.
Herr Kommissar, warum ist dieser Mann hier festgenommen, auf diesem Wagen hier?

Kommissar: Ein Moment, ich kann das nicht so übersehen, ich werde mir mal seinen Paß geben lassen.

Reporter: Ja?

Kommissar: Haben Sie keinen Paß da?

Verhafteter: Ich habe ihn gegeben zu verlängern.

Kommissar: Wie?

Verhafteter: Ich hab ihn gegeben zu verlängern.

Kommissar: Wann haben Sie den Paß zum Verlängern gegeben?

Verhafteter: Am Freitag.

Kommissar: Freitag?

Verhafteter: Ja.

Kommissar: Haben Sie da nicht eine Bescheinigung bekommen?

Verhafteter: (stotternd) Nein, weil ich hab bloß eine Nummer bekommen. Ich wohn 36 …

Kommissar: Wo ist denn die Nummer?

Verhafteter: Eine Nummer, zu Hause hab ich se.

Kommissar: Ach so, die müssen Sie aber bei sich tragen …

Verhafteter: (stammelt, unverständlich)

Kommissar: … damit Sie in der Lage sind, sich auszuweisen.

Verhafteter: Ich wohn 36 …

Kommissar: Haben Sie denn gar keine Ausweispapiere?

Verhafteter: Nein, ich wohne doch hier, Kirchplatz 4.

Kommissar: Na, das werden wir gleich auf dem Polizeipräsidium feststellen.

Verhafteter:	(stammelnd) Ich hab noch nichts gegessen … 32 Jahre wohn ich auf ein Revier.
Reporter:	Er ist Ausländer, ja?
Verhafteter:	Pole.
Kommissar:	Was sind Sie fürn Staatsangehöriger?
Verhafteter:	Tarnow.
Kommissar:	Wo sind Sie geboren?
Verhafteter:	Tarnow.
Kommissar:	In Tarnow.
Verhafteter:	In Tarnow.
Kommissar:	Aha, Sie sind polnischer Staatsangehöriger?
Verhafteter:	Polnischer Staatsangehöriger.
Kommissar:	Aha.
Reporter:	Sagen se mal, wie lange sind Sie in Deutschland jetzt?
Verhafteter:	Seit 27. März 97.
Reporter:	Was mach Sie denn eigentlich in Deutschland?
Verhafteter:	Ich hab a Meibelgeschäft, hier Kirchplatz 4.
Reporter:	Aha … und keine Aufenthaltsgenehmigung?
Verhafteter:	Wohn doch 36 Jahre hier … hat mirs Polizeirevier gesagt, ich habs nicht netig, weil ich 36 Jahre hier wohne.
Reporter:	Schön. – Ja, Herr Kommissar, 36 Jahre wollen die einzelnen Herrschaften natürlich alle schon in Deutschland gewesen sein.

Photo und Bildunterschrift sind der NS-Broschüre »Der ewige Jude«, hrsg. 1938 von Hans Diebow, entnommen und belegen, zusammen gesehen, einen Grundzug nationalsozialistischer Propaganda, den Adorno folgendermaßen beschrieben hat: »Ein Deutscher ist ein Mensch, der keine Lüge aussprechen kann, ohne sie selbst zu glauben.«

Die Grenadierstraße

In dem von Ostjuden besetzten Gebiet Berlins mußte sich der Deutsche wie in Feindesland fühlen. Er wurde beobachtet, umlungert, verfolgt. Hier erschienen ein halbes Dutzend hebräisch gedruckter jiddischer Zeitungen. Hier entdeckte die Polizei-Brutstätten des kriminellen und politischen Ungeziefers.

Bei der Razzia im April
1933 verhaftete Juden
werden auf Lastwagen
ins Polizeipräsidium
gebracht.

Berlin Sommer 1933

Nazi-Schmierereien
gegen Ostjuden.

Micha Michalowitz

Musik in der Grenadierstraße

Das war einmal so etwas wie ein jüdisches Zentrum und ist heute ein ganz kleiner Punkt an der äußersten Peripherie jüdischer Existenz. Hier lebten Juden, die nicht nur Juden schlechthin waren, sondern Menschen sehr besonderer Art. Sie waren aus den ungeheuren Reservoiren des Ostens in die Welt hinausgezogen, und ein sehr geringer Teil von ihnen hatte hier seine Wanderschaft unterbrochen. Einige von ihnen sind hier noch zurückgeblieben, Armut hält sie gefesselt, es ist sehr still um sie geworden, kaum daß man sie noch sieht und spürt.

Was hier übrigblieb, ist wie ein kleiner stehengebliebener Rest, man muß schon in die Häuser hineingehen, um ihn überhaupt noch wahrzunehmen. Hier gab es einmal ein Restaurant – ich sage Restaurant und meine dabei ganz etwas anderes.

Man mußte durch ein Haustor über einen Hof, und dann führten ein paar Stufen hinunter in das Lokal. Zwei Räume, ein kleiner und ein größerer, in dem kleinen stand so was ähnliches wie ein Büfett, zwei, drei Tische, Stühle; die meisten Gäste aber hielten sich in dem größeren Raum auf.

Die Auguren aber wußten es, daß es hier Fische zu essen gab, Fische, für die es kein anderes Adjektiv gibt, als die berühmten und weltumspannenden drei Zungenschnalzer, Fische eben ganz besonderer Art; aber sie bewahrten es fast wie ein Geheimnis, und man mußte mit einem dieser Bescheidwissenschaftler schon sehr gute Geschäfte gemacht haben, damit sie einem in ihrer Menschenfreundlichkeit die Adresse verrieten... Das Rezept nämlich für die Zubereitung dieser Fische stammte vom Hofe Schloime ha melechs, es war über einen kleinen Umweg von ein paar Jahrtausenden vor ungefähr siebzig Jahren bei einem berühmten Berditschewer Rebben gefunden worden, und von dort hierher mitgebracht. So sagt man.

Aber das war noch nicht alles. Während einem diese Wunderfische auf der begeisterten Zunge zergingen, strömte in die erstaunten Ohren seltsamer Gesang ein. Drin, im Nebenraum, sangen die selig Satten und Beglückten wundersame Gesänge zum Ruhme Gottes. Ich habe das an einer andern Stelle einmal beschrieben, diese besondere Art des Singens, hier wiederholte es sich in eben dieser Weise: »Singen«, so schrieb ich damals, »kann man das wohl nicht nennen, mit Kunst hat das gar nichts zu tun, dieses noch ganz primitive, fast kindliche Vor-sich-hin- und In-sich-hinein-Gesumme, vielleicht ist es der Urbeginn aller Kunst, ihre erste, ganz frühe Stufe. Kleine glucksend-schluchzende Töne steigen auf, und unversehens wird eine Melodie daraus, tremolierend in des Rigeno alter Weise... Ganz unartikuliert ist das noch alles, als genügten Worte nicht, als wären sie viel zu körperlos für das, was man da ausbrüten und aus sich herausstellen möchte; am liebsten möchte man es tanzen, wie die frühen Chassidim es taten, diese mit ihrem ganzen Herzen, ihrer ganzen Seele, ihrem ganzen Verstande Gott ausgelieferten Mystiker in einer glücklicherweise noch sehr unzivilisierten Welt. Aber dafür reicht man selber wohl nicht ganz mehr aus, man fühlt es, ohne sich dessen ganz bewußt zu sein, und die Sehnsucht nach dem, was man, ohne eine feste Vorstellung, sein möchte und nicht sein kann, löst dann dieses melodische Geschluchz aus der benetzten Kehle. Und dann sind auch plötzlich Worte da und werden eins mit dem Niggun, und was der eine so begann, nehmen die andern auf und singen es mit näselnd-gutturalem Schmetterton: *gloria in exelsis deo* ... zum Ruhme ihres alten Judengottes.«

So, genau so, oder doch wenigstens ungefähr so, war es hier, eine völlig vergleichslose Mischung aus Realismus und Transzendenz; Musik und doch nicht Musik und wiederum etwas, was viel mehr war als Musik, ein Reiz sehr eigener Art; Gesang, und wiederum etwas ganz anderes als nur Gesang, der, wie gesagt, seelenaufgetan ins Ohr einströmte, indes man kopfschüttelnd und bewundernd den duftenden Fisch zerteilte...

Dies alles ist vorbei, ist wie ausgelöscht, als hätte es nie existiert. Die Zeit hat es verschluckt. Man stellt das ohne Sentimentalität fest – von großen oder auch nur größeren

Gesichtspunkten aus gesehen ist es sicherlich sogar gut, daß es das alles nicht mehr gibt. Und indes man meditierend und sich erinnernd die sehr still gewordene Straße durchschlendert, ertönt unversehens aus einem kleinen Laden Musik, Musik von Schallplatten, und mit eins steht man gefesselt und gebannt. Es ist *diese* Musik, genau diese, deren man sich beim Gang durch die Straße erinnerte, und im ersten staunensvollen Augenblick ist es mir, als käme, mitten im prallen Sonnenlicht, ein längst Gestorbenes mir entgegen und lächelte mich freundlich an. Das akustische Phänomen dringt in mich ein, es hält mich fest – und zieht mich in den Laden.

Es ist kein großer, weltstädtischer Laden, o nein, es ist im Gegenteil ein kleiner und unscheinbarer Laden und er ist von oben bis unten vollgestopft mit Büchern, mit jüdischen und hebräischen Büchern. Demnach befinde ich mich also in einer Buchhandlung, in einer jüdischen Buchhandlung, zu der eben noch einiges mehr gehört als eben nur Bücher. Und das kleinen Firmenschild im Laden weist auch darauf hin, daß dieser Bücherladen mit einer Fabrikation von Taleissim verbunden sei, daß es hier sämtliche Ritualien gebe, Synagogen-Stickereien, Judaica, Hebraica und – *Grammophon-Platten.*

Ein freundlich-sympathischer Mann tritt mir entgegen, und da wir sofort und im ersten Augenblick einander verstehen, und meine offensichtliche Interessiertheit ihn beglückt, zeigt er mir viele Stücke seiner Platten-Sammlung, die er selbst, hier von diesem kleinen Laden aus, geschaffen hat. Denn von hier gehen diese Platten in die Welt hinaus, unter seiner eigenen Marke, »Semer«, das ist das hebräische Wort für Lied, Gesang. Von hier verkauft und versendet er sie nach Palästina, nach Süd-Amerika und nach den Vereinigten Staaten, und nach den Ländern des Ostens, überallhin wo eben Juden wohnen. Und er legt einige von diesen Platten auf und spielt sie mir vor. Liturgisches, Kantorales, oder genauer Chasonisches, und dann eben das jüdische Lied, dieses Einmalige und Unverwechselbare, das kleine jüdische Lied.

Hundertundfünfzig Nummern weist seine Produktion bereits auf, und er nennt diese Ziffer mit berechtigtem Stolz. Denn er stellt diese Platten nicht nur mit seinem rechnenden Verstande her, er hat sein Herz daran gehängt und er ist sehr glücklich, wenn er über ein besonders schönes und wohlgeratenes Exemplar ein lobendes Wort vernimmt. Er hat da einen jungen chassidischen Sänger für sich entdeckt, Bakon, Israel Bakon, und er hat ihn eine Reihe sehr schöner alter Lieder für sich singen lassen. »A Brief zum Rebben« heißt da so ein Lied und »Der Lamden Reb Sender« ein anderes. Das ist schön und echt und läßt einen tief hineinblicken in die Seele des jüdischen Volkes, das in den Ländern des europäischen Ostens in einer geschlossenen eigenen Kultur gelebt hat und noch lebt. Die Stimme, die aus dem Apparat in den kleinen Laden hineinströmt, ist voll Glanz und Jugend, aber sie ist zudem überweht von der Dunkelheit einer tausendjährigen Golusnot. Und dieselbe Stimme singt dann »Mlawe Malke«, eine beglückend große Anzahl von jenen Semirot, die ich damals hier in dieser Straße während der unvergeßlichen Fischmahlzeit hörte, und mein Gedächtnis reproduziert sofort diese alten Verse:

»Sprich und du bist mein Mitmensch.
Singe, und wir sind Brüder und Schwestern.«

Berlin Grenadierstraße. Antiquariat mit jüdischen Schallplatten

Wenige Tage nach dem organisierten Boykott jüdischer Geschäfte führt die Polizeiabteilung z.b.V. am 5. 4. 1933 eine Großrazzia im Scheunenviertel durch. Hier werden in einem Hof der Grenadierstraße Juden zusammengetrieben zur Durchsuchung nach Waffen und Überprüfung der Papiere.

SS und Polizei führen nach der sogenannten Reichskristallnacht im November 1938 verhaftete Berliner Juden zu den Sammelplätzen für die KZ-Transporte. Die Bevölkerung ist mit Interesse dabei. Kinder werden hochgehalten, damit sie besser sehen können, und ein Erinnerungsfoto wird geschossen.

1980

Max Fürst

Mein Viertel

Mit I. ging ich vor ein paar Jahren vom Alexanderplatz aus in *mein* Viertel. Der neue Alexanderplatz war noch nicht fertig gebaut und alle Umleitungsschilder standen verkehrt herum. Sicher hatte das irgendein Lausbub getan, und keiner hatte es korrigiert. So suchten wir lange, bis wir den richtigen Weg fanden, da auch die Straßenschilder nicht mehr oder noch nicht wieder angebracht waren. Nur nach der Stadtbahn, die unverrückbar in ihren Gleisen lief, konnte ich mich orientieren. Ich zeigte I. die Häuser oder die Stümpfe der Häuser, in denen ich und meine Freunde gewohnt hatten, und zu jedem Haus, zu jeder Straße fiel mir eine Geschichte ein. Oh, wie liegt so einsam öde die Stadt, die einst so volkreich war, jammert Jeremias nach der Zerstörung Jerusalems. Wir gingen durch eine öde Stadt, in der kaum ein Mensch zu sehen war. Zerschlagene Fensterscheiben, zerbomte Häuser, noch mehr Putz war abgeblättert. Ab und zu dokumentierte sich noch das alte Ghetto mit dem Wort »Koscher« über einem Laden, vielleicht war es in der Nazizeit übermalt gewesen, aber der gerechte Regen hatte es wieder herausgewaschen. Waren die Häuser so schlimm gewesen, damals, als ich hier wohnte? Man hätte Jeremias trösten können, Jerusalem ist noch mehrmals wieder aufgebaut worden, immer wieder haben fröhliche Kinder in den Straßen gespielt, haben eilige Händler die Straßen durchschritten, haben neue Bewohner, zurückgekehrte und zugewanderte, in den Häusern gelebt, gelacht, geweint, gegessen, gehungert.

Die ehemalige Grenadierstraße, heute Almstadtstraße.

Das Scheunenviertel 1945. Zerstörungen Grenadier- Ecke Hankestraße. Links eines der 1928 nach den Sanierungsplänen des Architekten Poelzig erbauten Häuser.

Warme Speisen
zu
jeder Tagesze

Hebräische Inschrift »Koscher« in der Almstadtstraße (der ehemaligen Grenadierstraße). 1980

Textnachweis

Gustav Landauer, Ostjuden und deutsches Reich. Zu Juden gesagt.
Aus: Ostjuden und deutsches Reich, Der Jude 1 (1916/1917), S. 436ff.

An Charlotte Landauer.
Aus: Gustav Landauer. Sein Lebensgang in Briefen. Hrsg. von Martin Buber, Frankfurt/M. 1929, Band 2, S. 136f.

Martin Beradt, Ephraims Ankunft in Berlin NO 54.
Der Kaftan.
Die Betstube.
Der Bettler Frischmann.
Frischmanns Begräbnis.
Aus: Die Straße der kleinen Ewigkeit, Frankfurt/M. 1965 (Überschriften d. V.)

Alexander Granach, Wie in Lemberg.
Aus: Da geht ein Mensch, München 1973 (Überschrift d. V.)

Franz Kafka, An Felice Bauer.
Aus: Briefe an Felice, Fischer-Taschenbuch, Frankfurt/M. 1976, S. 673 und 696f., Brief vom 30. Juli 1916 und vom 12. September 1916

Mischket Liebermann, Im Berliner Ghetto.
Einer aus dem Ghetto.
Aus: Vom Ghetto in die Welt, Verlag der Nation, Berlin (DDR) 1977 (Überschriften d. V.)

Walter Mehring, Galizien am Alexanderplatz, Spartacus und Inflation.
Aus: Der Kaufmann von Berlin (1929), abgedr. in:
Die höllische Komödie. Drei Dramen, Düsseldorf 1979. (Überschrift d. V.)

Sling (Paul Schlesinger), Der Menschheit Krümel.
Die alte Geschichte.
Aus: Richter und Gerichtete, Berlin 1929

Joseph Roth, Juden auf Wanderschaft. Berlin. (1927)
Aus: Werke, hrsg. von Hermann Kesten, Dritter Band, Köln 1976.

Max Fürst, Die Mulakei.
Mein Viertel.
Aus: Talisman Scheherezade. Die schwierigen zwanziger Jahre, München 1976. (Überschriften d. V.)

Inge Unikower, Kurze Geschichte von Gerschon.
Aus: Suche nach dem gelobten Land, Verlag der Nation, Berlin (DDR), 1978 (Überschriften d. V.)

Arnold Zweig, Die Summe.
Aus: Jüdische Rundschau, 20. 11. 1923

Alfred Döblin, Östlich vom Alexanderplatz.
Aus: Zeitlupe. Kleine Prosa. Olten u. Freiburg 1962

Micha Michalowitz, Musik in der Grenadierstraße.
Aus: Israelitisches Familienblatt, 6. 5. 1937

Bildnachweis

ADN-Zentralbild, Berlin (DDR): 53, 63, 69, 70-73, 75, 79, 89, 90, 98, 124, 133, 139, 146-149 · Akademie der Künste, Berlin: 45, 66 · Archiv des Autors: 33, 44, 47-49, 62, 77, 84, 99, 103, 109, 116-119, 121, 129, 130-132, 135, 140-141, 152, 153 · Beth Hatefutsoth, Tel Aviv: 50, 60, 61, 96, 145 · Bildarchiv Preußischer Kulturbesitz, Berlin: 38, 52, 55, 64, 65, 80, 113, 142, 143 · Central Archives for the History of the Jewish People, Jerusalem: 35 · Nicola Galliner: 95, 100, 101, 136, 151, 154, 155 · Herbert Hoffmann: 86 · Landesbildstelle Berlin: 58, 59, 91 · Märkisches Museum Berlin (DDR): 85 · Abraham Pisarek: 94, 97, 105 · Wolfgang Pohrt: 9, 150 · Hans Thormann: 51, 74, 93, 115, 122, 128 · Ullstein-Bilderdienst: 41, 56, 67, 82 · YIVO, New York: 37 · Heinrich Zille: 43

CIP-Kurztitelaufnahme der Deutschen Bibliothek

Im Scheunenviertel/Eike Geisel.
Mit e. Vorw. von Günter Kunert. –
Berlin: Severin und Siedler, 1981.
ISBN 3 88680 016 4
NE: Geisel, Eike [Mitverf.]

Zweite Auflage

Layout: Hildegard Morian
Satz: Bongé & Partner, Berlin
Lithos: Faesser, Berlin
Druck und Buchbinder: May & Co, Darmstadt
Printed in Germany 1982
ISBN 3 88680 016 4